그럼에도
페미니즘

* 이 도서의 국립중앙도서관 출판예정도서목록(CIP)은 서지정보유통지원시스템 홈페이지(http://seoji.nl.go.kr)와 국가자료공동목록시스템(http://www.nl.go.kr/kolisnet)에서 이용하실 수 있습니다.
(CIP제어번호: CIP2017001382)

일러두기

1 이 책은 〈경향신문〉 뉴스큐레이션 사이트 '향이네'(h2.khan.co.kr)에 연재된 '페미니즘이 뭐길래' 시리즈를 바탕으로 만든 책입니다.

2 인명의 경우 국립국어원의 외래어 표기법에 따르되 언론을 통해 굳어진 표기가 있는 경우 그에 따랐습니다.(예: Patricia Arquette→패트리샤 아퀘트)

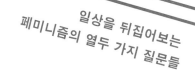

일상을 뒤집어보는
페미니즘의 열두 가지 질문들

그럼에도
페미니즘

윤보라 외
지음

feminism

은행나무

차례

한국 사회에서 성평등을 이루려면 더 많은 의심을 해야 한다

이 책의 토대가 된 〈경향신문〉 뉴스큐레이션사이트 '향이네' 기획 '페미니즘이 뭐길래' 시리즈는 '의심'에서 시작했다. 2015년 '김군'이라는 10대 남학생은 "요즘은 남성들이 역차별당하는 시대다. 나는 페미니스트가 싫다. 그래서 IS(이슬람 국가)가 좋다"라는 말을 남기고 IS에 합류했다. 김군이 떠나간 한국에선 "IS보다 무뇌아적 페미니즘이 더 위험"하다는 칼럼까지 등장했다.[1]

IS는 사람들을 잔혹하게 살해했지만, 페미니스트가 페미니즘의 이름으로 누군가를 살해한 일은 없다. 페미니즘에 대한 적대는 이토록 넘치는가. 페미니즘이 뭔 줄 알고 비난하는 것일까. 욕하는 목소리는 컸지만, 그 증오는 공허했다.

2015년 온라인 공간에서 시작된 여성들의 목소리는 2016년 오프라인 공간으로 확산하며 눈에 띄는 변화를 이끌어냈다. 2015년 5월 중

---

1 김태훈, 「IS보다 무뇌아적 페미니즘이 더 위험해요」, 〈그라치아〉, 2016. 2.

동호흡기증후군(메르스)이 불러온 '나비효과'라고 할 만한 '메갈리아'의 탄생은 여성혐오 문제를 한국 사회에 본격 제기했다. 1년 뒤 '강남역 살인 사건'의 성격을 규정하는 '묻지마' 혹은 '여성혐오' 논란은 사람들이 세상을 어떤 틀로 바라보는지 물었다. '이화여대 사태'는 이전과 다른 학생 운동의 가능성을 보여줬다.

11, 12월의 '박근혜 퇴진' 촛불 집회는 또 다른 한계와 가능성을 보여줬다. '민주공화국'을 기치 중 하나로 내건 민중 총궐기(2차) 연단에서 "암탉이 울면 집안이 망한다", "강남 아줌마", "병신년" 같은 말이 나온 것이다. 성차별과 여성혐오를 두고 여성들은 폄훼와 비난을 무릅쓰며 평등 집회를 촉구했다. 주최자인 '박근혜 정권 퇴진 비상 국민 행동'은 곧바로 연단에서 나온 혐오 발언을 사과하고, 평등한 집회를 위한 가이드라인을 마련했다. 여성들의 발화와 행동은 더디지만 변화를 이루어내고 있다.

이 기획은 여성 문제가 사회 이슈로 떠오르는 시점에서 페미니즘의 각종 쟁점을 짚어보자는 취지로 시작했다. 우선 페미니즘에 대한 오해가 심각하다고 판단했다. 무지에서 오는 혐오도 분명히 있다고 생각했다. 기획 연재 첫 회부터 SNS와 기사 댓글을 통해 난독과 오독의 향연이 펼쳐졌다. 쏟아지는 욕설 가운데서도 자신이 서 있는 신념의 토대에 대한 회의나 글의 주장에 일부 동의를 표하는 사람들도 나왔다. 기획으로 기존 관념에 균열을 내려던 의도는 어느 정도 전달한 셈이다.

기획 참여 필자는 모두 여성이다. 역차별 아니냐는 말까지 나왔다. 페미니즘 문제는 우선 여성의 발화로 서두를 열어야 한다고 여겼다. 그간 언론 매체에서 발언권을 제대로 얻지 못한 필자들이었다. 반론은 모두에게 문을 열었다. 모두가 참여하는 '페미니즘이 뭐길래―시즌 2'도 구상했다.

책은 한국 사회 여성 문제와 시사 현안에 관한 주제를 최대한 담으려 노력했다. 메갈리아의 미러링 전략을 통한 문제 제기로 시작해 군사주의, 데이트 성폭력, 남성 위주 담론 헤게모니, 여성이 말하는 성, 페미니스트 정치, 성노동 비범죄화, 여성의 자기 계발을 다뤘다. 또한 여성이란 무엇인지, 페미니즘이 여성만을 위한 것인지를 고민하며 성소수자 꼭지를 포함했다. 연재가 시작되고 여성의 경제 불평등 문제가 다뤄지지 않았다는 지적에 따라 노동 꼭지도 추가했다. 페미니즘 반대자들이 늘어진 테이프처럼 반복하는 '진짜 페미니즘'이 무엇인지, 새로운 논쟁을 위한 문제 제기로 마무리했다.

기획을 시작할 때 깊이 있는 분석은 찾기 힘들었다. 논쟁이 불거질 무렵 어느 매체보다 앞서 담론 작업을 시도한 것이다. 한국 사회 페미니즘 논의가 변곡점을 맞은 시기의 기록으로 충분히 가치 있다고 본다.

요즘 서점가엔 페미니즘에 관한 책이 많이 나와 있다. 이 책은 페미니즘 이론서는 아니다. '지금-여기'에서 출발한 책은 현재 진행형 문제에 도발적으로 현상을 진단하고, 근원적인 질문을 제기한다. 이제까지 당연하게 생각한, 남성이 '디폴트'로 상정되는 세상이 '옳은' 것인가. 우리에겐 더 많은 의심이 필요하다.

경향신문 뉴스큐레이션사이트 향이네

01

메갈리아의 '거울'이 비추는 몇 가지 질문들

윤보라

서울대학교 여성학협동과정 박사과정 수료. 온라인 문화 생태계와 젠더 변동에 관심을 갖고 공부 중이다. 저서로 《여성혐오가 어쨌다구?》(공저)가 있으며, 「일베와 여성혐오: 일베는 어디에나 있고 어디에도 없다」, 「일베가 능욕당한 국가를 구한다?」(공동 기고), 「농담과 비키니, 나꼼수 사건을 바라보는 조금 다른 시선」(공동 기고) 등의 글을 발표했다.

인클로저

정식 명칭은 '중동호흡기증후군'. 2015년 5월 20일 국내 최초로 감염 환자가 발생한 이후 현재까지 총 186명의 환자와 수천 명의 격리 대상자가 나왔고, 그중 37명이 사망하였다. 학교는 차례로 문을 닫았고 공포와 걱정에 사로잡힌 사람들은 외출도 하지 않았다. 식약청이 인증한 마스크를 구하지 못한 이들은 발을 동동 굴렀다. 정부의 무능한 대처에 사람들의 분노가 들끓었다. 2015년 초여름, 한국 사회를 강타한 낯선 전염병 '메르스(MERS)'가 남긴 장면들이다.

이 역병의 흔적은, 그러나 여기에서 멈추지 않았다. 정부가 메르스 관련 유언비어를 유포하는 자를 엄벌하겠다고 으름장을 놓기 시작한 그해 5월 마지막 주였다. 국내 최대 인터넷 커뮤니티 사이트인 '디시인사이드'(www.dcinside.com)에 '메르스 갤러리'가 한가롭게 개설되었다.

때마침 비슷한 시각, 주로 남성 아이돌 그룹에 대한 이야기를 나누

는 디시인사이드의 여초[1] 갤러리인 '남자 연예인 갤러리'(이하 '남연갤')
에 한 남성이 한밤중에 연애 상담 글을 올렸다. 본인을 월수입 350만
원의 과장이라고 소개한 이 34세의 남성은 20세 신입 여직원을 좋아하
고 있었다. 이제 고백을 하려고 하는데 어떨 것 같느냐는 글을, "여기엔
여자 분들이 많은 것 같아서" 남연갤에 올린 것이다.

'(고백하지 말고 그냥)자살을 하라'라는 류의 험한 댓글들이 올라왔
다. 갤러[2]들의 욕설에 발끈한 글쓴이는 "배용준도 열세 살 어린 박수진
과 결혼한다, 고백을 하기 위해 20만 원짜리 아이크림도 준비했다, 결
혼하면 생활비로 150만 원을 줄 것이다, 나는 정력도 세다, (그녀는) 이
미 나에게 호감을 갖고 있을 것이며, 내 아이를 낳아주고 나만 보며 살
것"이라고 항변했으나, 본전도 찾지 못하고 '강된장남[3]'이라는 호칭만
얻었다. 자신이 어떤 나비효과를 일으킬지 상상도 못한 채 그는 "너희
들은 돈 주고도 안 따먹는다"라는 저주를 남기고 그곳을 떠났다.

열네 살 많은 남자 상사의 고백에 난감해할, 그래서 앞으로의 직장
생활이 곤혹스러울, 어쩌면 부담을 못 이겨 직장을 그만두어야 할지도
모를 20세 여직원에 대한 강한 연민과, '강된장남'의 뻔뻔함에 대한 분
노와 조롱으로 남연갤이 들썩였다. 이 상황을 패러디한 창작물들도 등

1 女超, 여성이 다수라는 뜻.
2 '갤러리'를 '갤'로 줄인 것에서 파생된 말로 갤러리 사용자들을 일컫는다.
3 남연갤에서 해당 글쓴이를 겨냥해서 만든 말. 여성에 대한 기존의 비하어인 '된장녀'에 상응한다.
   그동안 여러 남성 커뮤니티에서는 '나이가 들수록 매력이 급감하는 여성과 달리, 남성은 나이를
   먹으면 먹을수록 오히려 와인처럼 숙성된 매력을 갖추게 된다'라는 자신감을 오랫동안 공유하고
   있었다. 남연갤의 이용자들은 해당 글쓴이 역시 이 속설에 기댄 것을 비꼬아 "정우성이나 콜린 퍼
   스 이런 애들이 숙성돼야 와인이지, 된장(한국 남성)은 숙성시켜봐야 강된장"이라고 일컬으며 해
   당 글을 올린 34세 남성을 '강된장남'으로 부르게 되었다.

장했다. 때마침 개설된 메르스 갤러리가 '털린[4]' 것은 이때였다. 남연갤의 유저들은 변방의 이름 없는 신생 갤러리였던 메르스 갤러리에 난입해 깃발을 꽂고 홧김에 '김치남'들을 '폐기' 시작했다.

이 소문이 가장 먼저 퍼진 곳의 남성 유저들이 메르스 갤러리에 몰려왔으나 남연갤 유저들의 가공할 '싸패력[5]'을 감당하기엔 역부족이었다. '분탕질'을 시도해보고자 호기롭게 덤볐던 이들은 혀를 차며 물러났다. 남연갤 내에서 20세 여직원을 유달리 동정하던 한 여성 유저는 2박 3일간 잠도 자지 않고 메르스 갤러리를 '자혐[6]'으로 도배하며 이곳의 '갤통령[7]'이 되었다.

모든 것이 우연이었다. 아이돌 팬덤 문화의 전쟁 속에서 이른바 '패악질'로 악명 높은 남연갤의 유저들에게 이 정도 전투력과 '드립력'은 아무것도 아니었을 것이다. 여지껏 해왔던 대로, 여지껏 써왔던 말투로, 반쯤은 재미 삼아 메르스 갤러리를 턴 것뿐이었다.

메르스 갤러리 3일

어디선가 여자들이 남자들을 신나게 '패고 있다'라는 이야기는 각 포털의 카페와 트위터, 커뮤니티 등에 속속 전달되었다. 하루에 500명씩 일

4　게시판에 비슷한 게시물을 반복적으로 올리는 도배 행위를 함으로써 정상적인 게시판 이용을 곤란하게 만드는 행위.
5　'사이코패스(psychopath)'와 '힘 력(力)'의 합성어
6　남성의 성기를 뜻하는 비속어 '자지'와 '혐오'의 합성어
7　갤러리와 대통령의 합성어로 해당 갤러리에서 독보적인 영향력을 행사하는 유저를 칭한다.

정하게 늘어나는 격리 대상자, 첫 40대 사망자 발생, 첫 10대 감염자 발생 등 정작 질병 메르스에 대한 실제적 공포가 절정을 향해 가고 있었으나, 온라인 한 켠에서는 이 질병의 이름이 해방과 쾌감, 카타르시스와 동의어가 된 기묘한 여름이었다.

뜨거운 언어들이 메르스 갤러리를 뒤덮었다. 섹슈얼리티, 노동, 정체성, 성역할 고정관념, 시민권 등 거의 모든 젠더 의제들을 다루면서도 이를 둘러싼 억압을 완벽히 전복한 놀라운 언어가 쏟아져 나왔다. 1분 단위로 수 개의 페이지가 쌓였고 수백 개의 추천 수를 받은 게시물들이 넘쳐났다. 온라인 각지에서 입성한 여성들의 열광과 남성들의 반격, 선비들의 헛기침, 구경꾼들의 숨죽임, 심술궂은 분탕질이 뒤섞인 채 메르스 갤러리는 단숨에 '실북갤[8]' 1위에 올랐다. 발 빠른 기자들에 의한 언론 보도가 줄을 잇기 시작했다.

카니발 같았다. 마치 99도의 물에 1도씨가 보태져 끓어 넘치듯, 멸시에 지친 여성들이 메르스 갤러리 안에서 폭발했다. 사이버 공간에 뿌리 깊게 스며 있던 여성 비하 문화를 뒤집은 이 난장 안에서 아이돌 팬들과 디시 유저, '쩍충[9]'과 '따봉충[10]', 서로 앙숙이던 커뮤니티 회원들 할 것 없이 거의 모든 온라인 여성 유저들이 일치단결했다는 것에 이견이 없을 것이다.

---

8 실시간 북적 갤러리. 유저들의 동시간대 활동이 가장 왕성한 갤러리의 순위를 매기는 장치다.

9 트위터 유저를 비하의 뜻으로 이르는 말. 영어 'tweet'의 뜻인 쩍쩍거리다와 '벌레 충(蟲)'의 합성어

10 페이스북 유저를 비하의 뜻으로 이르는 말. 페이스북의 '좋아요' 버튼을 뜻하는 '따봉'과 '벌레 충(蟲)'의 합성어

이 열기를 지속하는 길이 쉽지는 않았다. 이곳에 모인 여성들은 디시인사이드의 탄압과 '어그로꾼[11]'들의 분탕질을 버티며 동남아 갤러리, 결혼 못하는 남자 갤러리, 이명박 갤러리 등 여러 갤러리를 떠돈 끝에, 두 달여 만인 8월, 드디어 '메갈리안'(www.megalian.com)이라는 독립된 사이트에 정착하기에 이르렀다.

어리둥절해진 것은 이제 남연갤의 유저들이었다. 그들의 언어대로 그저 '유쾌하게 썹치들이나 좀 패려던' 당초의 기획은, '메갈리아'와 '미러링'이라는 단어가 메르스 갤러리에 등장하던 순간부터 다른 방향을 향하기 시작한 것이다. 도대체 '미러링'이라는 말의 뜻은 무엇이며 '메갈리아'라는 의미 부여는 다 무엇이냐며 남연갤의 유저들은 짜증을 냈다.

최초의 '자혐' 갤러리의 개국공신이었던 이들은 메르스 갤러리에서 서서히 사라져갔고 자신들의 본업, 아이돌을 사랑하는 세계로 돌아갔다. '강된장남'의 아이크림과 메르스 갤러리의 영광을 가끔씩 소소한 추억 삼아 들춰보기도 하고, '썹치'들에 대한 뒷담화도 멈추지 않으면서.

메르스 갤러리 그 후

시간이 흘렀다. 단 며칠 동안 메르스 갤러리가 산파한 위력적인 씨앗들은 각지의 온라인 사회와 공명하며 이곳저곳에 안착하였다. 메르스 갤러리 계승을 표방한 메갈리안 사이트는 내부 의견 갈등과 여러 부침

---

11 상대방을 도발한다는 의미의 인터넷 용어 '어그로'에 '꾼'을 붙여 일부러 논란이 될 만한 게시물을 올리거나 허위 정보를 유포하는 등 커뮤니티의 유저들이 반발하여 논쟁을 일으킬 빌미를 제공하는 사람을 일컫는다.

을 겪은 끝에 '워마드'(cafe.daum.net/womadic)와 '레디즘'(cafe.daum.net/ladism), 페이스북 페이지 '메갈리아4', '메르스 갤러리 저장소' 등 여러 플랫폼 내 커뮤니티로 갈라졌고 결국 소강상태에 접어들었다. 그러나 이것이 '메갈리아'의 소멸 혹은 쇠퇴를 의미하는 것은 아니다.

'메갈리아/메갈'이라는 단어는 이제 더 이상 특정 사이트와 그곳의 이용자를 가리키는 고유명사로 쓰이지 않는다. 일종의 일반명사로서 온라인을 이용하는 (여성)주체, 젠더 이슈와 관련된 담론의 스펙트럼, 모든 페미니스트 정치와 정체성을 폭넓게 아우르는 단어로 자리 잡았다고 해도 과언이 아니다. 메갈리아와 행동 노선을 달리하겠다는 것을 분명히 천명한 워마드나 메갈리아4 등 다양한 온라인 행동 주체들이 등장했지만, 이러한 다양성은 현재의 담론장 안에서 섬세히 구별되기 보다 '메갈리아/메갈'이라는 한 단어로 수렴되는 형국이다.

시간이 흐른 지금 우리가 불행하게 확인한 것은, 메갈리아 현상이 던진 젠더 의제들을 진지한 토론과 질문으로 재구성하기로 합의하는 것에 실패했다는 점이다. 대신 굳건해진 것은 '친(親)메갈'과 '반(反)메갈'이라는 단일한 전선이고, 이제는 이 전선이 젠더 의제에 대한 가장 기초적인 판단 기준이 되었다.

2015년 이후 한국 사회를 관통한 젠더 역동의 장면들을 보라. 어느 것 하나 메갈리아/메갈과 동떨어진 것이 없다. 때로 이 의제들은 메갈리아/메갈이라는 일반명사를 어떻게 해석하고 어디에 위치시킬 것인가에 대한 치열한 쟁투로 번지기도 하였다.

누가 메갈이고 누가 메갈이어야만 하는가. 메갈이 유포한다고 믿는 담론은 왜 혼란과 소음으로 치부되어야만 하는가. 메갈은 정당한가.

정당성을 승인해주는 자는 누구인가. 양 전선의 기저에 어떤 구조가 작동하고 있는가에 대해서는 장기간에 걸친 한국 사회의 정치·경제·문화적 변동을 분석의 대상으로 삼아 다각도로 논증해야 할 주제가 될 것이다.

여기서는 여성이 온라인 문화 계승자로서 온라인 사회의 질서를 직조하는 데 (공식적으로) 참여하는 것을 둘러싼 문화 권력 다툼의 문제로서 메갈리아/메갈 현상을 다루어보고자 한다. 이를 통해 지금과 같은 전선 긋기가 함의하는 바는 무엇인지, '미러링'의 언어가 가진 폭발성을 운동 전략으로 이끌어가고자 했던 메갈리아의 실험은 어떤 의미를 갖고 있으며, 우리는 어떻게 메갈리아를 사유할 것인지에 대한 접근법을 추가할 수 있을 것이다.

'메갈은 정당하지 않다': 누가 온라인 문화 계승자인가

사이버 시민의 상징적 성별은 이성애자 남성이었고, 남성의 농담만이 주류의 자리를 얻고 횡행했으며, 그동안 우리는 이것만을 두고 '인터넷 문화'라 칭해왔다.

남연갤의 유저들이 인클로저에 성공을 거두고 메르스 갤러리를 맹폭하던 초반, 일부 사이버 시민들이 느낀 당혹스러움에는 이 사건이 일개 해프닝으로 끝날 것 같지 않다는 예감이 포함돼 있었을 것이다. 이는 메르스 갤러리에 지펴진 열기를 재빨리 진압해야 한다는 판단으로 이어졌다.

이 점거를 짐짓 아무렇지 않은 것으로 치부하기 위해서 가장 먼저 내려진 응급 처방이 '이들은 여성이 아니다'라는 자기기만적 주장이라는 것은 매우 자연스럽다. '남성들이 지금 고난이도의 분탕을 치는 중이며, 심지어 나 역시 재미 삼아 메르스 갤러리에 가서 여자인 척하고 게시물을 몇 개 썼다'라는 식의 거드름이 당시에 자주 등장했지만, 이는 알다시피 오래 끌 수 있는 전략이 아니었다.

여기서 잠시 앞에 등장한 '강된장남' 사건을 떠올려보자. 남연갤의 인클로저가 성공을 거둔 직후 남한에서 가장 활발하게 이용되는 한국어 위키 사이트인 '나무위키'(namu.wiki)에는 이 '강된장남'이 단독 항목으로 빠르게 생성되었으나, 메르스 갤러리가 온라인 사회에서 대대적인 주목을 받기 시작하던 2015년 6월 4일경 돌연 삭제되었다. "(남성에 대한) 혐오 발언은 이전 여초갤에서 지속된 발언이었지, 저 사건으로 촉발된 게 아니지 않습니까"라는 문장이 해당 항목의 삭제 이유로 내걸렸다.[12]

이 사례는 메르스 갤러리의 '정당성' 여부를 삭제하는 것이 일부 온라인 유저들에게 중요한 과제였음을 보여준다. 강된장남의 막무가내식 구애가 여성 갤러들의 공분과 조롱을 산 것은 무리가 아니고 따라서 남연갤 유저들의 인클로저는 어느 정도 합당함을 갖는다는 직관이야 말로, 강된장남 항목의 삭제를 가져왔을 가능성이 크다. 메르스 갤러리 탄생을 가져온 근본적 원인이 그간 온라인 사회에 축적되어왔던 여성

---

12 현재 이 '강된장남' 사건은 2016년 7월 30일경 '남자연예인갤러리' 문서의 하위 항목으로 나무위키에 재등장하였다. 이때는 메갈리아 티셔츠 사건(각주 14번 참조) 등을 거치면서 각 온라인 주체들이 메르스 갤러리/메갈리아에 대한 나름의 입장을 확립하고 친메갈 또는 반메갈 정서를 공고화한 시점이라고 볼 수 있다. '강된장남' 항목이 나무위키에서 서둘러 사라질 때와 달리, 이제는 나무위키 유저들이 강된장남 사건에 대한 사후적 해석을 완료했을 뿐만 아니라 이 사건을 짐짓 희화화할 수 있을 정도의 심리적 여유를 확보하였음을 잘 보여준다.

- 2015-06-04 17:03:36+0900 (보기 | RAW | Blame | 이 리비전으로 되돌리기 | 비교) ◯ ◯ *(삭제)* r11 (-602) soma0sd (기본방침 3.3에 의거. 상세근거는 토론참조)
- 2015-06-04 16:37:40+0900 (보기 | RAW | Blame | 이 리비전으로 되돌리기 | 비교) ◯ ◯ r10 (+21) soma0sd (틀 추가)
- 2015-06-04 16:09:37+0900 (보기 | RAW | Blame | 이 리비전으로 되돌리기 | 비교) ◯ ◯ r9 (-172) ruum (삭제합니다. 혐오 발언이 이전 여초갤에서 지속된 발언이었지 저 사건으로 촉발된게 아니지 않습니까?)

나무위키 '강된장남' 항목의 2015년 6월 4일자 화면(左)과 '강된장남' 항목을 삭제한
나무위키 유저가 남긴 삭제의 변(右).

혐오적 문화였음을 부정하려면, 그리고 그 자리에 '(남성)혐오 발언'이 원래 여초갤에 있어왔다는 주장을 넣기 위해서는, 이 '강된장남' 사건은 온라인 문화사에서 반드시 제거되어야 하는 항목이 된다.

이때 주동자로 즉각 지목된 여초 커뮤니티는 디시인사이드 내 갤러리가 아니라 '여성시대'(cafe.daum.net/subdued20club, 줄여서 '여시')라는 이름의 대형 포털 기반 여성 커뮤니티다. 공교롭게도 메르스 갤러리 사건 바로 직전에 터진 '여시 사건[13]'으로 인해, 이곳은 남초와 여초를 막론하고 온라인 사회에서 이른바 문제아 취급을 당하고 있었다. 메르스 갤러리를 점거한 이들의 정체가 도대체 무엇인지 혼란스러웠던 당시 이들의 실체를 '여시' 회원으로 지목하고 또 그렇게 믿는다면 이 여

---

13 여성시대 회원들과 대형 남초 커뮤니티들 사이에서 수개월간 벌어진 일련의 갈등들. 2015년 4월, 여성 비하 발언 경력이 있는 남성 연예인이 인기 예능 프로그램 출연을 앞두고 있다가 거센 반대 여론에 부딪혀 출연이 무산되는 일이 벌어졌다. 일각에서는 여성시대 회원들이 이 반대 여론을 앞장서서 주도했다는 주장을 제기하기에 따라 여성시대와 타 커뮤니티와의 불화가 본격화되었다. 이들이 또 다른 대형 커뮤니티 내에 숨어서 음란물을 공유하고 게시물 날조를 일삼았다는 폭로가 이어지면서 여성시대는 온라인 사회 전체에서 대대적인 '따돌림'을 당하게 되었다.

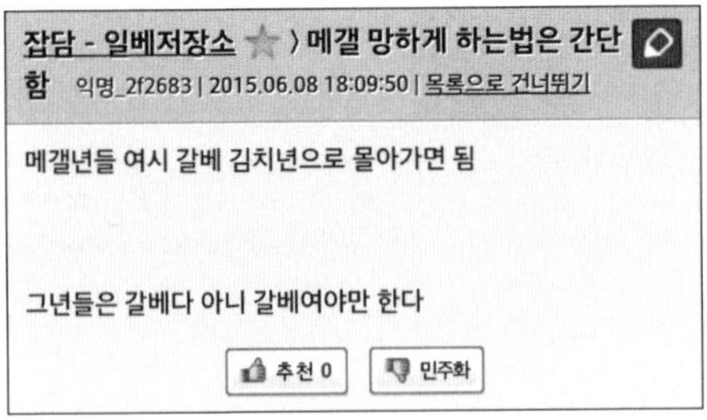
잡담 - 일베저장소 ☆ 〉메갤 망하게 하는법은 간단함 익명_2f2683 | 2015.06.08 18:09:50 | 목록으로 건너뛰기

메갤년들 여시 갈베 김치년으로 몰아가면 됨

그년들은 갈베다 아니 갈베여야만 한다

추천 0 민주화

성들에 대한 두려움과 공포가 사라지게 된다.[14]

더 중요한 것은 언론을 비롯한 당시 사회가 이들의 언어에 조금씩 주목하면서 온라인 여성혐오 현상에 대한 전반적 성찰과 반성을 요구하기 시작했다는 점이다. 이대로 있다가는 여성혐오 현상의 가담자로서 책임을 피할 수 없을뿐더러, 자칫 메르스 갤러리 식의 언어가 온라인 발화 문화를 장기적으로 장악할지도 모르는 상황이었다. 당시의 난국을 돌파하고자 한 일군의 유저들은 한창 논란 속에 처해 있던 여성시대 커뮤니티를 재빨리 메르스 갤러리와 동일한 집단으로 상정하고 그 소식을 곳곳에 타전하는 전략을 택했다.

여성시대 회원들이 메르스 갤러리 탄생과 추후 메갈리아 건립에

14 메르스 갤러리에 우호적인 이들 또한 어떤 계기로 메르스 갤러리 사건이 발생하였는지 궁금해하였는데, 메르스 갤러리 사건의 당사자들이 남연갤러들이라는 것이 밝혀지기 전까지는 '홍콩 해프닝'에 의한 것이라는 의견이 대체적으로 많았다. 2015년 5월 30일, 홍콩을 여행 중이던 한국인 여성 두 명이 메르스 감염 확진자와 비행기에 동승한 것으로 의심되어 홍콩 당국으로부터 격리 치료 대상으로 선정되었음에도 불구하고 이들이 격리를 거부하고 있다는 기사가 보도되었다. 이들의 격리 거부는 의사소통 문제로 빚어진 오해였음이 곧 밝혀졌으나, 이미 온라인을 중심으로 '격리 치료를 거부한 채 해외 원정 쇼핑에만 몰두하는 한국 여성'이라는 공격이 쏟아진 뒤였다. 제대로 된 사실관계가 파악되기도 전에 무조건적으로 여성을 비난한 이 홍콩 해프닝에 많은 여성들이 분노하여 메르스 갤러리를 점령했다는 것이 오랫동안 정설로 받아들여졌다.

까지 깊숙이 관여해 있다는 믿음은 현재까지도 끈질기게 강화되고 있으며, 이 믿음을 지속적으로 재확인하는 일련의 작업들은 이 전선에서 매우 중요한 싸움이 되었다. 메갈리아/메갈을 이미 문제아로 낙인찍힌 '여시'와 동일한 집단으로 만들어서 얻는 부수적 효과가 매우 많기 때문이다. 그중 한 가지는, '여시는 주작(조작)을 잘한다'라는 기존의 낙인을 유리하게 취하는 것이다.

이를 잘 보여주는 것이 디시인사이드의 '탄압'에 대한 사후적 해석이다. 메르스 갤러리 초반, 디시인사이드는 코드 입력과 로그인을 마쳐야만 메르스 갤러리에 글을 올릴 수 있도록 조취를 취하는가 하면 '김치남' 등을 금지어로 만들고 추천 수를 제한하는 등 '디시'답지 않은 황당한 모습을 연출했다. 주옥같은 '드립'들은 삭제되었다. 갤러들이 여러 갤러리를 떠돌게 된 직접적 이유다.

그러나 이러한 탄압은 애초에 없었던 것, 즉 '메갈들의 거짓말'로

> 6월 24일에 김유식은 결못남갤에 글을 올렸다가 그쪽 갤러들의 공격을 받았는데 김유식이 이렇게 메갤 관련 갤을 철저하게 관리하는 이유는 다음과 같다.
>
> - 메르스 갤러리는 **DC 17년 역사상 가장 심한 수위의 욕설과 패드립 갤러리다.**
> - 김치남, 김치녀 금지는 디시 직원들에게 확인해본 결과, 누구도 금지시키지 않았다. 그러나 앞으로 주의해서 더 관리를 잘할 수 있도록 하겠다.
> - '담당 관리자, 알바가 여혐이다' 라는 주장에 대해서 관리자, 알바는 모두 다 여자다. 여혐에 대해 결코 긍정적이지 않다. **욕설이 얼마나 심했는지 디시 8년차인 여직원도 놀랐다.** 휴지통에 있는 욕설들을 차마 공개하기에 민망하다.

나무위키 '메르스 갤러리' 문서 내 '역대급 혐오갤에 대한 디씨의 조치' 항목 일부.

한동안 치부되었다가 현재는 '그들의 남혐이 너무 심해서 그때는 그럴
수밖에 없었다'라는 논리로 통과되었다. '탄압 조작설'은 메르스 갤러
리의 실체가 (조작을 잘하는) 여성시대 회원들이었다는 점에서 일차적
으로 승인되고, '탄압은 있었으나 정당했다'라는 항변 역시 이들이 (기
존의 문제아였던) 여성시대 회원들이라는 점에서 무리 없이 수용된다.

　　메르스 갤러리가 여성시대가 아니라 사실은 남연갤에서 출발한 것
이라는 사실이 갱신되더라도, 일개 아이돌 팬들이 모인 남연갤 역시 아
는 사람들은 아는 '골칫덩이'로 악명 높은 집단이며 심지어 페미니즘과
도 전혀 관계없는 곳이라는 점에서 메갈리아의 '정당성 없음'을 드러내
는 것과 충돌하지 않는다.

　　이른바 메갈리아와 페미니즘의 연관성에 대한 논쟁은 그렇기 때문
에 기만적이다. 반메갈 전선에 따르면 애초에 이들은 페미니즘이라는
대의와 아무 상관없이 출발하였고 따라서 이들은 진짜 페미니스트가

아니라는 논증이 타당성을 얻는다. 만약 이들의 행보를 페미니즘이라고 규정한다면 한국의 페미니즘이 잘못되었음을 뒤집어 증명하는 것이된다.

　메갈리아의 등장에 따른 일대 혼란은 전선 형성을 중심으로 서서히 정돈되었고 본격적인 담론 투쟁이 시작되었다. 그간 온라인 사회에 적재되어온 '여성혐오' 현상에 대한 강력한 알리바이는 메갈리아/메갈에 반대함으로써 완성된다. 즉 모든 젠더 의제와 이슈들은 그것이 메갈리아/메갈과 관련 있기 때문에, 혹은 친메갈이기 때문에 반대해야 하는 것이다. 반메갈 전선으로서는 이것이 온라인 사회의 공식적 규범이자 정의로 등재해야 하는 중요한 과제로서 수행되고 있다. '친메갈' 대 '반메갈'이라는 이 치열한 전선이 충돌한 자리마다 메갈리아 티셔츠 사건[15], 정의당 탈당 사건[16], 〈시사인〉 절독 사건[17]과 같은 장맛비가 뿌려지곤 하였다.

---

15 성우 김자연이 메갈리아4에서 텀블벅을 통해 모금한 데 대한 리워드로 받은 티셔츠를 2016년 7월 18일 트위터에 인증하여 게임 팬들이 반발하자 게임 〈클로저스〉와 〈최강의 군단〉으로 김자연과 계약했던 게임사 넥슨이 다음날인 19일 계약을 해지한 사건.
16 정의당 문화예술위원회에서 넥슨의 김자연 계약 해지에 대해 개인의 정치적 신념을 이유로 노동권을 부당하게 침해한 것이라며 비판하는 논평을 내놓자 이에 반발한 정의당 당원들이 탈당한 사건이다. 당원들과 인터넷 사용자들로부터 친메갈이라며 비난에 시달린 정의당은 결국 5일 뒤 논평을 철회하고 만다.
17 〈시사인〉은 "분노한 남자들"이라는 제호 아래 발간된 427호(2016년 8월 27일자)에서 커버스토리 기사 「정의의 파수꾼들?」을 통해 나무위키에 개설된 '메갈리아' 항목의 데이터를 분석하여 메갈리아 티셔츠 사건 이후로 온라인 공간에 쏟아진 남성들의 분노를 계량하려 시도했다. 이에 〈시사인〉이 메갈리아의 편에 섰으며 "분노한 남자들"이라는 제호가 남녀 대결 구도를 부추긴다며 '오늘의 유머'(www.todayhumor.co.kr) 등 대형 커뮤니티를 중심으로 대규모 절독 운동이 벌어졌다.

실현된 '비더고자': 웃음은 운동이 될 수 있는가

약 20여 년간 형성되어온 온라인 공간에서, 여성들의 말하기 실천이 얼마나 고되고 험난했는지 다시 말할 필요는 없을 것이다. 여성들은 조금씩 성벽을 쌓으며 여성들만의 안전한 공간, 마음껏 말할 수 있는 공간 안으로 들어갔다. 그동안 '비더고자' '컷더부랄' '번더곤휴' 같은 농담이 이미 7~8년 전부터 일부 여초 커뮤니티 안에서 향유되었다는 것을 생각해보라. '(남자친구와 잠자리를 해보니)좆이 작아서 모든 것이 좆같아졌다'라는 하소연은 성벽 밖에서 발화할 수 있는 농담이 아니었다.

초기 메르스 갤러리에 접속한 여성들의 환호는, 강도 높은 포르노그래피적 상상력이 여자들만 모인 은밀한 공간이 아니라 공개된 광장에서 향유되었다는 것, 그렇게 공개된 농담이 온라인 사회 질서를 뒤흔드는 파괴력을 지녔음을 목격한 것에서도 비롯한다.

웃음은 그 사회의 강력한 규범을 벗어날 때 가장 폭발적으로 유발된다. 여성에게 가해지는 규범이 엄격하면 엄격할수록, 여기서 일탈할 때 생기는 진폭이 남성의 경우보다 크기 때문에 여성의 유머는 급진적일 수밖에 없다. 남성만이 향유할 수 있고 남성에게만 허락된 쾌락의 언어를 여성이 전복할 때 생기는 진폭은 상상할 수 없을 만큼 넓어지는 것이다.

모순적 상황을 발생시켜 웃음을 자아내는 능력은 그 사회의 질서, 규범, 권력과 나 사이의 간극을 정확하게 이해하는 사람만이 가질 수 있다. 권력 앞에서 농담을 던질 줄 안다는 것은 나의 우월적 지위를 확인, 또는 과시하는 일이다. 웃기는 것은 곧 세계를 조롱하는 일이기 때문이다. 유머와 드립이 능력이자 곧 권력인 온라인 세계에서 왜 디시인

사이드가 메르스 갤러리를 탄압했는지 상기해보자. 여성의 농담은 반드시 통제해야 할 것, 이들이 웃음을 통해 온라인 문화 계승자가 되는 것을 막아야 했기 때문이다.

이러한 농담과 웃음이 가장 극적으로 사라지는 지점은 나의 농담을 수신자에게 설명해야 할 때다. 남연갤 유저들이 메르스 갤러리가 '노잼'이 되었다고 한탄하기 시작한 지점 역시 메르스 갤러리 안에서 '우리의 발화는 남성들이 해왔던 짓을 똑같이 되돌려주는 것'이라는 설명이 등장한 순간부터였다. '미러링'이나 '메갈리아' 등과 같은 단어는 남연갤 유저들에게는 '짜증 나는 의미 부여'에 불과했다. 이 농담이 비장해지는 순간, 잠깐의 카니발이 지닌 매혹은 사라질 것임을 직감했기 때문이다.

메갈리안이 실험한 것은 농담과 쾌락의 언어를 운동의 힘으로 전환하는 것이었다. 이들이 이름 모를 갤러리들을 떠돌며 디시인사이드의 탄압을 견디고 있을 때, 이들에게는 '너희들은 오래가지 못할 것이며 저장소 따위는 만들어지지도 않을 것'이라는 비아냥이 쏟아졌으나 이들은 끝내 메갈리아 건립을 성공시켰다.

시간이 지날수록 패러디(미러링 스피치)의 급진성이 소멸되는 것은 자연스러운 수순이다. 메르스 갤러리의 카니발은 며칠 사이에 끝났다. 그 후 메갈리아의 농담에 지속적으로 웃을 수 있는 사람들은 이제 메갈리안에 한하며, 이 농담들은 메갈리아라는 커뮤니티의 정체성과 메갈리아에 동의하는 사람들의 내부 결의를 강화하는 역할에 복무한다.

그러나 이것이 메갈리아 식 언어가 그 효용을 다했다는 것을 뜻하지 않는다. 온라인 문화사의 관점에서 볼 때, 우리는 결코 메르스 갤러리와 메갈리아 이전으로 돌아갈 수 없을 것이다. 메갈리아의 언어가 지나치게 과격하고 불편하기 때문에 옳지 않다는 일부 지적이 사건 초반에 제기되었으나 이는 현상을 빚어낸 본질에 눈감은 비판이며 더 이상 유효하지도 않다.

과격함과 불편함이 세계를 파열시키고 그에 공명하는 순간적 힘은 소실되었지만, 메르스 갤러리 식의 농담과 메갈리아 식의 대응은 온라인 사회 내 남성 중심적 문화 질서와 팽팽히 경쟁하며 새로운 발화 규칙으로 계속 기입되고 있는 중이다. 이제는 이 발화 규칙이 담고 있는 내용을 살피고 이로부터 우리 사회가 직면한 젠더 의제들을 토론하는 것이 중요한 과제로 남았다. 하지만 그 과제는 온라인 문화 계승자로서 여성 주체를 발화 규칙을 통해 상정하고자 한 이들의 송사(訟事)를 거듭 살펴보는 것과 병행되어야 한다.

메갈리아를 어떻게 사유할 것인가

2010년대 들어 온라인 공간 내 최대 논쟁거리로 점화된 '여성혐오' 문제는 2015년 메르스 갤러리 사건을 기점으로 새로운 쟁점들을 쏟아냈다. 이전에는 온라인 여성혐오 문화에 대한 분석과 비판, 혐오 현상의 원인에 대한 쟁점이 주를 이루었다면 지금은 여기에 친메갈과 반메갈 전선이 낳은 긴장과 역동을 성찰하는 작업이 더해졌다.

메르스 갤러리의 유산이 추동한 최근의 온라인 여성운동의 내용을 보면 성폭력 피해자를 돕기 위한 기금 마련, 포털 뉴스 댓글 문화 바꾸기, 기부 팔찌 프로젝트, 불법 몰카 근절 캠페인, 포스트잇 프로젝트,

'생리대 시위', 낙태죄 폐지를 위한 '검은 시위' 등 짧게 언급하기 어려울 정도로 왕성하다. 이 실천의 자취들은 우리 사회가 직면한 긴급한 젠더 의제가 무엇인지 가늠하게 해준다. 일련의 온라인 운동 지형을 전체 한국 여성운동의 역사와 온라인 페미니즘의 맥락 속에서 짚어내는 것 또한 페미니즘의 중요 과제인 것은 두말할 필요가 없다.

생활 세계의 실천 못지않게 주목해야 하는 것은 이들이 온라인에서 계속 벌이고 있는 담론 투쟁의 내용들이다. 초기 메갈리아에서 여자는 '갓치'와 '코르셋[18]'으로, 남자는 '씹치'와 '한남충[19]'으로 표상되며, 그 맥락은 현재까지도 일정하게 유지되고 있다. '씹치'와 '갓치' 이원론이 메갈리아의 문법 안에서 농담이 아니라 진담의 언어로 설계되기 시작하면서 무수한 삶들이 서로 소통하는 것은 적어도 이 담론 안에서는 아예 불가능한 것이 되어버렸다. 이들이 소통 불가능성의 믿음을 재확인하며 공존을 단념하게 되는 과정들은 무엇을 의미하는가.

현재 젊은 여성들이 처한 비극 중 하나는 '한국에서 제일 살기 편한' 집단이라고 손가락질받는 것이다. 결혼, 연애, 취업, 섹슈얼리티, 가족 구성 등 현재 젠더 갈등이 안착하고 있는 지점에서 여성들이 어떤 갈등을 겪으며 고군분투하고 있는지는 드러나지 않은 채, 그저 '취집에 목숨 거는 김치녀'라는 표상만이 들어서 있다. 여성의 생존은 체계적으로 위협받고 있으나 이 엄혹한 현실에 대해서는 온 사회가 기괴한 침묵을 지키고 있다. 여자인 나의 삶을 옥죄는 차별과 폭력 앞에서조차 여자인

---

18 여성혐오를 내면화하여 '개념녀'의 기준에 맞추기 위해 언행을 단속하는 여성을 보정 속옷인 코르셋에 빗대어 일컫는 표현.
19 '한국 남자'의 줄임말인 '한남'에 비하하는 뉘앙스로 벌레 충(蟲)을 덧댄 합성어.

내가 벼슬이라고 손가락질받게 된 이 간극에서 메갈리안들이 메르스 갤러리의 급진성을 통해 타진해보고자 한 가능성은 무엇이었을까.

이제 보충되어야 할 것은 이 침묵과 고단한 현실의 간극 앞에서 여성들이 느끼는 분노, 불안, 무시, 비웃음, 공포, 내면화 등 다양한 감각들이 온라인 안에서 어떻게 담론화되는지에 대한 논의일지도 모른다. 그리고 현 세계의 언어 안에 무엇이 결여되었으며 어떻게 채워야 하는지 묻기 위해, 토론과 이견의 확인 가능성을 열어두는 것일지도 모른다.

02

'여자도 군대 가라'?
— 군 복무와 성평등의 관계에 대하여

조서연

페미니스트의 눈으로 문화를 연구하는 한국문학 전공자. 연극, 영화, TV 드라마 등의 극예술을 비롯하여 대중문화 전반의 젠더·섹슈얼리티 문제에 관심을 두고 있다.

군 복무와 여성의 시민권

2015년 10월, 한 EBS 인터넷 강의의 내용이 제법 큰 화제가 된 일이 있었다. 이 강의의 강사는 제1차 세계대전에 영국 여성들이 적극적으로 참여한 덕분에 여성에게도 참정권이 주어졌다고 설명하면서, 여성들은 여권신장을 요구하기에 앞서 의무를 다해야 한다고 주장하였다. 이 주장은 '여성도 군대에 가야 남성과 동등한 대우를 받을 자격이 생긴다'라는 널리 퍼진 믿음을 뒷받침하는 것으로 여겨지면서 논란의 대상이 되었다. 군 복무 여부가 평등의 전제조건이라는 입장과 권리는 천부적인 것이므로 의무를 다했을 때에 주어지는 혜택이 아니라는 입장이 팽팽히 맞서는 가운데, 이 논란은 그해의 수능이 끝난 후 해당 강사가 EBS 강의에서 하차하는 것으로 일단락되었다.

사실 이 강사의 주장은 근대 시민사회의 형성 과정을 생각할 때에 아주 근거가 없는 것은 아니다. 프랑스혁명 이후 나타난 근대 국민국가에서 시민권이란 국방 및 납세의 의무와 정치 참여의 권리를 한 쌍으로 하여 성립된 것이었으며, 이는 현재까지도 대부분의 근대적 국가에서 통용되는 전제기 때문이다.[1] 즉, 국민국가의 시작은 징병제의 시작과 함께였다는 것이다. 그러나 이러한 '사실'이 곧 '당위'나 '정의'를 자동으로 보장해주지는 않는다는 점에 깊이 주의해야 한다.

시민권의 개념은 세금을 낼 경제력과 징병에 응할 신체 조건을 갖춘 남성을 기준으로 설정되었다. 이는 전쟁을 통하여 영토의 경계를 확정하고 넓혀야 했던 국가의 입장에서 필요한 물적·인적 자원을 동원하기 위한 것이었으며, 이 기준에 부응하지 못하는 사회 구성원들은 '2등 시민'으로 배제되어왔다.[2] 캐럴 페이트먼을 비롯한 페미니스트 학자들은 근대 시민사회가 공적 영역과 사적 영역을 나눈 뒤 여성의 존재 및 여성의 활동을 사적 영역에 위치시켰으며, 공적 영역만을 정치의 영역으로 인정하는 식으로 구성돼왔다고 지적한다.[3] 시민권 개념이 애초에 가부장적 원리에 입각하여 구성된 이상, 그 틀을 그대로 두고 단순히

---

1 Tilly, Charles, "The Emergence of Citizenship in France and Elsewhere", *Citizenship, Identity and Social History*, in Charles Tilly, ed., Cambridge: University of Cambridge, 1996.

2 이 역시 근대적 시민권과 징병제의 관계를 논할 때에 널리 인정되는 관점이다. 이러한 배제의 원리는 젠더 차원에서 그치지 않는다. 여성, 장애인, 성소수자와 같은 구성원들은 물론, 최근에 들어서는 난민, 이주 노동자, 결혼 이주자와 그 자녀 등 '비국민'의 시민사회 내 지위와 관련해서도 '국방이나 납세와 같은 의무를 다하는가'라는 기준이 적용되고 있기 때문이다. 한국과 같은 분단국가의 경우는 통일이 될 경우 시민권 문제가 다시 한 번 큰 이슈로 떠오르리라고 예측되기도 한다. 이처럼 성 정치의 문제는 젠더뿐 아니라 정치적·경제적·인종적·사회적·문화적 차원의 문제들과 얽혀서 나타나고 있다. 따라서 페미니즘을 이해한다는 것은 곧 우리가 살고 있는 사회의 전반적인 구성 원리와 현실을 이해하는 일이 되기도 한다.

3 캐럴 페이트먼, 《남과 여, 은폐된 성적 계약》, 이충훈·유영근 옮김, 이후, 2001.

시민권을 확대하는 방식만으로는 진정한 여성해방이 이루어질 수 없다는 것이다.

물론, 현실적으로 생각해보자면 우리가 살고 있는 사회가 의무와 권리를 한 쌍으로 하는 시민권에 기초하고 있는 한 군 복무의 의무를 다함으로써 권리를 확대할 수밖에 없다는 주장은 이론적으로나 전략적으로나 설득력이 없지 않다. 실제로 1990년대 초반 걸프전 이후, 일부 페미니스트들은 군사 활동에서 여성을 배제하는 것이 남성과 여성의 생물학적 본성에 대한 이분법적 선입견에 입각한 것이므로 여군의 적극적인 참여를 인정하면 성차별적인 제도와 문화의 해소에 큰 도움이 된다고 주장하기도 하였다.[4] 구체적으로 따지고 들어가보면 논란의 여지가 많지만, 근대 이후의 사회에서 이루어지는 성차별의 출발점에 징병제가 결부되어 있다는 점을 고려할 때 일견 매력적일 수도 있는 주장이다.[5]

그렇다면 지금 한국 사회에서 통용되는 '여자도 군대 가라'라는 주장 역시 꽤나 정당한 근거를 갖춘 것일까? 이 글은 바로 그 문제를 구체적으로 살피면서 다음과 같은 지점들을 검토하고 지적하려 한다. 첫째, 현재 제기되는 여성 병역의 의무화 주장은 그 표면적인 의미와는

[4] Peach, Lucinda J., "Gender Ideology in the Ethics of Women in Combat", in J. G. Stiehm, ed., *It's Our Military, Too!: Women in U. S. Military*, Philadelphia: Temple University, 1996.

[5] 이 주장에 대한 가장 강력한 비판은 평화주의자 페미니스트들이 주로 펼쳐왔다. 여성의 군사적 참여 확대는 군대 조직의 남성 중심성을 완화하는 것이 아니라 오히려 군사주의를 적극적으로 내면화하고 실천하는 사람들의 범위를 확장할 뿐이라는 것이다. 한편 최근에는 성평등의 성취나 군사주의의 확대라는 기존의 논점을 넘어서서 거꾸로 시민사회에서 성장한 성평등 및 인권의식이 여군의 존재를 경유하여 군사주 및 군대 조직 내부에 미치는 영향을 살펴보며 새로운 군인 정체성을 점치는 논의가 이루어지고 있기도 하다.(김엘리, 「여군의 출현과 그 의미」, 《아시아저널》 6호, 5·18 기념재단, 2012.)

달리 실제로는 현재의 성차별을 정당화하고 남성의 인정 욕구를 여성으로부터 채우려는 의도를 품고 있다는 점, 둘째, 해당 국가의 징병제 실시 여부와 관계없이 현실 세계의 여성 군인들이기 여전히 성차별을 받고 있는데, 이는 군사 시스템 자체가 남성 중심적이기 때문이므로 여성들 개인의 노력으로 제어할 수 있는 것이 아니라는 점, 셋째, 군대 내의 성별 시스템은 실제로 남성성과 여성성으로 깔끔하게 양분되지 않으며, 여성 군인의 존재는 오히려 기존에 남성 중심적으로 설정된 안정적인 성별 질서를 흔드는 전복력을 가질 수 있다는 점. 이 지점들을 살펴보기 위해 우리에게 익숙한 최근의 대중문화 콘텐츠를 "페미니스트 호기심[6]"의 렌즈로 들여다보고자 한다.

의무와 스펙의 '성평등'이라는 문제

"대한민국은 군대다." 이는 한국의 군사주의를 오랫동안 연구해온 여성학자 권인숙의 단언이다.[7] 한국 사회에서 군사화된 삶을 피할 수 있는 사람은 없다고 해도 과언이 아니다. 대한민국 국적의 남성들은 만 18세가 되는 1월 1일이면 현역·예비역·보충역 등의 제1국민역에 편입된다. 이 중 현역 판정을 받은 이들이 가는 훈련소 입소식에서 울려퍼지는, "사나이로 태어나서 할 일도 많다만 너와 나 나라 지키는 영광에 산다"

---

6 여기에서 말하는 "페미니스트 호기심"은 신시아 인로의 용어를 빌려온 것이다. 페미니스트 호기심을 활용하는 일이란 가족, 남성, 회사, 운동, 제도, 이데올로기, 문화적 표현, 국가, 그리고 글로벌화하는 경향에 대해 여성이 맺는 관계를 당연시하지 않고 지속적으로 탐색하는 것을 가리킨다. (신시아 인로, 《군사주의는 어떻게 패션이 되었을까》, 김엘리·오미영 옮김, 바다출판사, 2015)

7 권인숙, 《대한민국은 군대다》, 청년사, 2005.

라는 저 유명한 군가를 떠올려보자. "나라를 지키는 것이 영광"이라는 생각, "부모 형제 나를 믿고 단잠을 이룬다"라는 믿음은 한국 특유의 군사주의를 형성하는 핵심으로 작용해왔다. 한국과 같이 식민지 경험이 있고 전쟁 가능성에 대한 불안이 큰 사회에서 평화를 유지하기 위해서는 국가 단위의 힘의 논리에 기대야 하며, 그를 위해서는 강한 군대가 필요하다는 전제를 대부분의 사회 구성원들이 별다른 의심 없이 공유하고 있는 것이다.[8]

특권층의 병역비리 사건이 연이어 터진 1990년대 후반에 이미 '평등한 개병제'라는 환상에 금이 간 것은 물론, 군대 내의 인권 유린과 각종 인명 사고, 북한과의 사이에서 벌어진 여러 차례의 교전 중 희생된 장병들에 대한 보상의 소홀함 등, 소중한 젊음을 징병해 간 국가의 무책임함이 쌓여온 지도 오래다. 그럼에도 병역의 신성함이라는 신화의 마지막 보루는 아직 깨지지 않고 있는 듯하다. 양심적 병역거부나 군가산점 논쟁 등이 징병제에 대한 근본적인 문제 제기와 논의를 생산해내지 못하고 늘 미필·군필 남성들의 격분으로 채워지고 마는 현실은 이를 비추고 있다.

군사화된다는 것은 단지 전쟁이나 군대를 직접 겪거나 사랑하는 가족을 군대에 보내는 것만을 의미하지 않는다. 군사주의와 젠더 문제를 연구해온 신시아 인로는 군사화에 대해 "위계질서와 복종, 무력 사용에 대한 신념 등 군사적인 가치를 중요하게 여기고 군사적인 문제 해결 방식을 효율적이라 생각하며 군사적 태도를 내면화하는 것"이라고

---

8 권인숙, 앞의 책.

말한다.[9] 징집 단계에서부터 발생하는 군사 시스템의 성별 분할 원리는 민간 사회의 작동 방식과도 서로 영향을 주고받는다. 나윤경은 이를 두고 "'대졸 군필 남성'이라는 인재상을 원하는 군대-대학-기업의 연계된 삼각 구조가 한국 사회의 남성 중심성을 강화하는 한편, 징병제를 유지하면서 여성을 2등 시민의 자리에 놓아온 가부장적 국가가 이 구조를 에워싸고 있다[10]"라고 분석한 바 있다.

　이러한 상황 속에서 여자도 군대에 가야 성평등이 이루어질 수 있다는 주장이 제기되는 것은 그리 놀라운 일이 아니다. 한국에서 이루어진 여성 징병제 주장 역시 앞서 다루었던 서구 페미니스트들의 경우와 비슷하게 '성평등'을 위한 대안으로서 제기된 사례가 없지는 않다. 그러나 여성 징병제의 도입에 대한 요구는 '차별받는 게 억울하면 여자들도 군대에 가라'라는 식으로 현재의 성차별을 합리화하는 논리로 나타나는 경우가 압도적이었다. 최근에는 후자가 전자의 논리를 일부 흡수하는 양상을 보이고 있어 눈길을 끈다. 마치 페미니즘의 구호를 남성들이 나서서 적극적으로 외치는 것 같은 묘한 상황이 벌어진 셈이다.

　여성을 징병해야 한다는 주장이 본격적으로 제기된 것은 2000년을 전후해서의 일이다. 이는 건장하고 젊은 사나이가 여성과 가족과 나라를 지킨다는 가부장적인 분위기가 지배적이었던 이전 세대와는 큰 차이를 보이는 현상이다. 이와 같은 변화는 한국 사회의 현재가 여성이 아닌 남성이 약자가 된 '역차별'의 시대라고 생각하는 젊은 남성들의 새로

9　신시아 인로, 앞의 책, 25쪽.
10　나윤경, 「남녀 공학 대학교의 군사 문화와 여학생 '시민권' 구성 과정」, 《한국여성학》 제23권 1호, 한국여성학회, 2007.

운 여성혐오와 관련되어 있다. 인생의 황금기를 보내야 하는 20대 초반의 남성들이 군대에 끌려가 있는 동안 여성들은 '스펙'을 쌓아 더 유리한 위치에서 더 빨리 사회생활을 시작한다는 것이 이들의 주장이다. 그러나 2014년 기준으로 남성의 평균 임금을 100이라고 할 때 여성의 평균 임금이 63.1밖에 되지 않는 성별 간의 현저한 임금격차[11], 2014년 3월 기준으로 정규직 임금 근로자 중 여성의 비율이 38.4퍼센트인 데 반해 비정규직 임금 근로자는 53.7퍼센트라는 고용 형태에서의 차별[12], 30대까지는 여성 취업자 중 정규직의 비율이 높지만 출산과 육아로 일을 그만두었다가 다시 취업하는 40대부터는 비정규직 비율이 치고 올라간다는 전체 생애 주기에서의 취업 양상[13] 등을 볼 때 이들이 말하는 '역차별'은 사실상 어불성설이다.

그럼에도 불구하고 원치 않은 군 복무에 젊음을 빼앗긴 남성들이 당장 느끼는 박탈감 앞에서 이와 같은 현실적이고 구구절절한 지표들은 별다른 호소력을 갖지 못하는 듯하다. 1999년 군 가산점제 위헌 판결에서 애초의 쟁점이었던 장애인·여성 차별 및 징병제 자체의 정당성 문제가 자극적인 언론 보도에 의해 금세 희석되고 모든 요소가 성 대결

---

11 대한민국 통계청 2014년 집계 자료 중 '남성 대비 여성 임금 비율'에 의거한 것이다. 이 격차는 10년 넘게 OECD 회원국 중 부동의 1위를 차지하고 있으며, 2000년부터 2012년까지 집계된 OECD 통계에 따르면 성별 간 임금격차가 개선되는 속도 또한 타 회원국들에 비해 현저히 낮아서 이 수치는 날이 갈수록 OECD 평균과 멀어지고 있는 실정이다.

12 통계청 「경제활동인구 부가 조사(근로 형태별)」 원 자료를 분석한 한국여성정책연구원 성 인지 통계 정보 시스템(GSIS)의 「성 인지 통계 리포트」 중에서. 이 외에 관리직에서의 여성 비율에 대한 2012년 기준 통계조사에 대한 분석 또한 「여성 비율, 파견·비정규직으로 채우고 관리자 자리는 결국 남성 몫」(《경향신문》, 2013. 6. 6.)에서 찾아볼 수 있다.

13 박송이, 「설움의 날을 참고 견디면 머지않아 기쁨의 날이 올까」, 〈주간경향〉 1145호, 2015. 10. 6.

로 비화한 이래, 징병제 이슈가 등장할 때마다 '남성들의 몫을 빼앗아 가는 이기적이고 몰염치한 여성'에 대한 남성들의 혐오는 오히려 강화 되는 양상을 보인다. 군 복무가 신성한 국방의 의무가 아닌 강제로 입 는 손해로 여겨지는 것, 군 복무와 스펙 쌓기가 같은 궤에서 계산되는 것 등은 국가주의나 가부장제만으로는 설명할 수 없는 군사주의의 새 로운 양상과 관계를 맺고 있다. 삶의 모든 영역을 시장 질서로 환원하 고 이 속에서 개인들이 스스로의 책임하에 자유롭게 자아를 실현하도 록 함으로써 국가와 기업이 요구하는 윤리와 생산성을 스스로 담지하 게 하는 신자유주의 시대의 도래[14]와 더불어 기존의 군사주의에도 새로 운 국면이 나타나기 시작한 것이다.[15]

여성 군 복무의 예능화―남성들의 억울함과 우월감

여자도 군대에 가라는 주장은 2000년대에는 국회 토론회나 헌법소원 등의 경로로 공공 의제가 되었지만 최근에는 대중문화 콘텐츠의 주요 소재로 등장하고 있다. 그 대표적인 사례인 네이버 웹툰 〈뷰티풀 군바 리〉는 2015년 초 연재를 시작한 지 얼마 되지 않아 10만 명 이상의 '좋 아요'를 획득하면서 네이버 '월요 웹툰' 부동의 1위인 〈신의 탑〉을 바짝

---

14 엄혜진, 「신자유주의 시대 한국의 자기계발 담론에 나타난 여성 주체성과 젠더 관계」, 서울대학 교 박사 논문, 2015, 10쪽.
15 신자유주의적 주체의 등장과 군사주의의 새로운 양상에 대해서는 《군사주의는 어떻게 패션이 되었을까》에 수록된 김엘리와 오미영의 〈옮긴이의 말〉, 그리고 김엘리의 「초남성 공간에서 여성 의 군인되기 경험」(《한국여성학》 28권 3호, 2012)에서 특히 중요하게 다루어지고 있다.

쫓아 2위의 자리에 서게 된 인기작이다. 여성도 의무적으로 군에 복무한다는 가상의 설정을 바탕으로 한 이 웹툰은 여성 징병이 성평등의 전제조건이라는 논리를 여실히 따르면서 현실에서의 군 폭력 문제를 아울러 다루겠다는 야심을 보여준 바 있다.

그러나 실상 이 작품은 '여성 군인'의 젠더적 맥락에 대한 별다른 고민 없이 단순히 성별만을 바꾸어 이야기가 전개되고 있는 데다, 여성에 대한 노골적인 성적 대상화를 일삼아 각종 논란을 불러일으키기가 일쑤였다. 문화 웹 매거진 〈IZE〉의 위근우는 이에 관하여 "주인공 수아가 가슴이 크다는 설정은 그렇다 쳐도, 환복을 할 때마다 자연스럽게 등장하는 노출 장면에선 특정 부위들을 강조하고, 종교 행사 장기 자랑에 나선 수아가 노래를 부르는 장면은 마치 군부대 위문 공연처럼 연출된다"라고 비판한 바 있다.[16]

특히 31화의 폭력 연출은 일본 에로만화의 '모에 요소[17]' 중 하나인 '배빵[18]'과 '아헤가오[19]'를 사용, 여성에 대한 폭력을 성적 유희로 삼는다는 의혹을 받았으며, 이에 국제 시민사회 청원 사이트인 'AVAAZ(www.avaaz.org)'에 올라온 연재 중지 청원의 서명인단이 1만 명을 훌쩍 넘기기도 하였다. 〈뷰티풀 군바리〉를 경유해서 보자면, 여성 징병제에 대한 남성들의 주장은 정말로 성평등이라는 결과를 기대해서 나온 것이 아

---

16 위근우, 「[뷰티풀 군바리], 이토록 어글리한 만화」, 〈IZE〉, 2015. 10. 19.
17 '모에'는 일본어로 '싹튼다'라는 뜻을 갖고 있는 '萌える(모에루)'에서 따온 말로 애니메이션 등의 캐릭터에서 성적인 매력을 유발하는 요소를 의미하는데, 이 모에 요소는 패턴화되어 있다.
18 여성의 복부를 가격하는 가학 행위.
19 정신을 잃을 만큼 쾌감을 느끼는 얼굴의 특정한 묘사 방식.

니라 여성에 대한 가학에 더욱 초점을 맞추고 있는 것이 아닌지 의심해 볼 만한 상황인 것이다.

이처럼 수위 높은 논란을 불러일으킨 〈뷰티풀 군바리〉는 웹툰 콘텐츠라는 매체 특성상 그 수용자층 또한 10~30대로 한정되어 있는 편이라고 볼 수 있다. 그런데 비슷한 아이디어를 공유하는 콘텐츠인 〈진짜사나이〉의 '여군 특집'은 그보다 대중적으로 훨씬 큰 영향력을 발휘하고 있다. 지상파 방송사인 MBC에서 2013년부터 2016년 현재까지 매주 일요일 저녁마다 1시간 30분짜리의 병영 체험 예능이 안정적인 시청률을 확보하며 방영되고 있다는 것은 그 자체로 이미 한국인들의 일상적인 감각이 깊이 군사화되어 있음을 보여주는 바다.

〈진짜 사나이〉는 기획 단계에서부터 국방부의 적극적인 홍보 의지가 개입된 프로그램으로서, 예전 〈우정의 무대〉와 같은 부대 위문형 군대 예능과 차별화된 관찰형 예능이다. 가혹 행위와 총기 사고 등으로 실추된 군의 이미지를 회복하려는 국방부의 의도와 관찰형 예능의 '성장 서사'라는 형식이 만난 〈진짜 사나이〉는 출연진들이 군사 훈련을 통하여 더 나은 사람으로 거듭나는 과정을 담아낸다. 빡빡한 일상 통제와 상명하복의 위계질서 등으로 드러나는 군사 문화가 절제된 생활 속에서 체력과 정신력을 단련하고 팀워크 능력을 키우는 등의 자기계발과 자연스럽게 얽혀 재현되는 것이다.

〈진짜 사나이〉에서 군인의 미덕으로 일컬어지는 자질들은 기업을 비롯한 민간 사회에서도 역시 바람직하다고 여겨진다. 이는 '우세하고 이상적인 것'으로 여겨지는 "지배적 남성성", 즉 지력, 명예, 용기 등의 이상적 가치를 체화한 남성성으로 형상화된다.[20] 군대 체험을 통해 성취할 수 있는 자기계발은 이미 특정한 방식으로 성별화되어 있으며, 이 성별화는 여성뿐 아니라 '지배적 남성성'에 해당하지 않는 여타의 다양한 남성성들 또한 배제하는 방식으로 이루어져 있다.[21] 그러나 이 점 덕분에 오히려 〈진짜 사나이〉는 다른 군대 예능들과 달리 '여군 특집'을 기획할 수 있었다. 굳이 군대에 가지 않아도 되는 여성들도 기꺼이 입대할 만큼 군대가 자기계발의 장으로서 매력이 있다는 점을 보여줄 수 있는 효과적인 홍보 전략이 되기 때문이다.

그러나 여자를 군대에 보낸다는 발상의 핵심적인 속성은 무엇보다도 여성혐오에 있다. 1999년 군 가산점 위헌 판결, 2001년 부산대 여성주의 웹진 〈월장〉 사건[22] 등을 계기로 벌어졌던 남성들의 격렬한 사이버 테러는 물론, 징병제의 성별 분리 원칙이 문제가 될 때마다 여성을 향한 남성들의 분노는 날이 갈수록 극에 달해갔다. 여성들을 "이기적이

---

20 박이은실, 「패권적 남성성의 역사」, 《문화/과학》 76호, 문화과학사, 2013.

21 물론, 생물학적 남성으로 판별되고 성장한 사람이라고 해서 지배적 남성성을 자동으로 획득할 수 있는 것은 결코 아니다. 남성성이라는 개념을 둘러싼 젠더 연구의 역작인 《남성성/들》(R.W. 코넬 지음, 안상욱·현민 옮김, 이매진, 2013)에서는 지배적 남성성에 속하지 않는 수많은 남성들이 '남자다운 남자'를 요구하는 사회와 불화하거나 공모하는 양상이 상세히 다루어지고 있다. 만약 지배적 남성성이 모든 남성들에게 선천적으로 주어진 것이었다면 '군대에 가야 진정한 남자가 된다'라는 말은 애초에 불가능했을 것이며, 그 기준에 부합하지 못하고 군대 내부에서 겉도는 수많은 병사들의 고통 또한 생겨나지 않았을 것이다.

22 부산대학교 여성주의 웹진 〈월장〉 창간호에 실린 대학 내 군사 문화의 부정적인 측면을 분석한 글 「도마 위의 예비역」과 관련된 사건으로, 여성을 대상으로 이루어진 사이버 테러의 대표적인 사례로 꼽힌다. '예비역 선배들의 권위적인 모습들로 인해 그 앞에서 다른 의견을 이야기하는 것조차 불가능한 문화가 있다는 것을 느끼게 되었다'라는 문제의식을 가진 〈월장〉의 기사가 예비역들의 분노를 사게 되면서 〈월장〉 홈페이지에서 사이버 성폭력이 극심하게 일어난 것은 물론, 실제 신상 정보가 공개되면서 실질적인 테러 위협에 시달리는 회원들이 생겼고, 일부 예비역들은 조직적인 명예훼손 소송까지 검토하기도 하였다. 두 달을 넘도록 계속된 이 사태는 당대에 한창 이름을 날리던 '논객'들의 참여와 언론에서의 가시화를 통하여 사회적 토론의 대상이 되기도 하였다.

고 몰염치한 자/무능하고 한심한 자/공동체 의식이 부재한 자[23]"라고 상정하는 최근 여성혐오의 시각은, 〈진짜 사나이: 여군 특집〉 출연자들에게 부여되는 초반의 캐릭터 특성에도 그대로 반영된다.

이 프로그램은 한심하고 모자란 존재인 여성 출연자들이 관찰형 예능의 이야기 구조에 따라 군사훈련을 받으며 점차 더 나은 인간으로 성장한다고 묘사하지만, 그 수준은 남자와 똑같이 군인답기에는 한 단계 부족하게 설정한다. 이는 여성의 군 복무가 성평등의 시작이라는 세간의 논리와는 한참 거리가 있다. 오히려, 〈진짜 사나이: 여군 특집〉은 여성들을 군대에 보내서 고생하는 꼴을 구경하고는 싶지만 그 고생을 통하여 남자들과 동등해지는 것은 허락하지 않겠다는 진짜 의중을 대중매체의 예능 프로그램이라는 형식을 통하여 낱낱이 펼쳐낸 사례에 가깝다.

이는 '우리가 남자들의 고생을 잘 몰랐어'라는 여성 출연자들의 거듭되는 반성, 여성성을 버리고 군인으로 성장할 것을 줄기차게 요구하면서도 정작 출연자들이 무언가를 잘해낼 때마다 '어머니라서 강하다'라는 식으로 칭찬하여 여성성의 틀 속에 그들을 가두려는 모순적인 행태, 내레이터를 출연자의 남편 혹은 시어머니로 캐스팅하여 여성 출연자를 남성과 동등한 개인이 아닌 가족 내의 '예쁘고 안쓰러운 아내', '대견하고 장한 며느리'로 위치시키는 전략 등을 통하여 구체적으로 드러난다. 결국 〈진짜 사나이: 여군 특집〉은 우리 남자들이 얼마나 고생했는지 겪어보고 느끼라며 억울함을 앙갚음하는 동시에, 그래봤자 너희 여

---

23 윤보라, 〈김치녀와 벌거벗은 임금님들〉, 윤보라 외, 《여성혐오가 어쨌다구?》, 현실문화, 2015.

자들은 남자들과 동등해질 수 없다는 우월감을 확인하는 이중주다.

군 복무를 해도 남성과 결코 동등해지지 못한다는 상황은 현실 세계의 여군들을 보아도 마찬가지다. 신시아 인로는 미국, 인도, 남아프리카공화국, 일본, 스웨덴과 같은 모병제 국가나 이스라엘, 노르웨이와 같은 징병제 국가의 여성 군인 사례를 일일이 분석하면서, 이들이 군대 내의 보직 배분이나 승진, 동료들과의 대인관계 등에서는 물론 군대 밖에서도 여전히 성차별을 당하고 있음을 상세히 밝혀낸다.[24]

가령 여성 징병제를 실시하는 '모범적인' 사례로 한국에서도 인기가 있는 이스라엘의 경우를 보자. 2003년 연구 결과를 기준으로 할 때 이스라엘군에서 여성의 비율은 32퍼센트로, 이는 여군을 징병/모병하는 다른 국가들에 비해 몹시 높은 수치다. 그러나 대부분의 여성 군인들은 군사 업무 중 전통적인 관념에서 볼 때 '여성적인' 업무에 배치되고, 이스라엘의 대중 언론과 군 기관은 여성 군인이 여성스럽고 매력적인 존재로서 남성의 사기를 높여준다는 식으로 묘사하고 있었다. 또한 이스라엘 여군과 미국 ROTC 여군들에 대한 조사는 이들이 자신의 군인다움을 증명하기 위하여 남성 중심적인 집단 문화에 스스로를 맞추는 한편 여성적인 특성을 유지하여 남성 동료들을 안심시키는 이중적인 개인 전략을 취하고 있음을 드러낸다. 이 와중에 남성 동료에 의한 성희롱을 겪은 여군들은 조직 내에서 살아남기 위해 그 사실을 은폐하곤 한다. 일본 자위대의 여성 모병은 러시아의 경우와 마찬가지로 여군 모집을 통하여 현대적이고 비폭력적인 군대라는 이미지를 고취하고자

---

24 신시아 인로, 앞의 책.

한 경우다. 자위대가 성차별이 비교적 덜하고 개인의 노력이 인정받을 수 있는 곳이리라 생각하고 입대한 자위대의 여군들은 실상 자신의 여성성이 구색 맞추기(tokenism)에 쓰인다는 것에 좌절하고 만다.[25] 애초에 군사 시스템 자체가 남성 중심적 구조를 기반으로 하고 있는 상황에서 군 복무를 통해 성차별을 해소하기란 결국 요원한 일인 것이다.[26]

국방부는 지난 2010년 '국민신문고(www.epeople.go.kr)'에 게시된 여성 징병에 대한 질문에 답하면서 해당 제도를 도입할 계획이 없음을 공식적으로 밝힌 바 있지만[27], 여자도 군대에 가야 한다는 요구는 좀처럼 사그라지지 않는다. 이 주장의 진의는 여자도 정말로 군대에 가야 한다는 긴급하고 실질적인 요구라기보다는 남성들의 희생을 제대로 보상받고 그 노고를 인정받고 싶다는 욕구의 표현이기 때문이다. 자신이 선택하지 않은 국적과 성별 때문에 징병이 된다는 것은 물론 억울한 일이며, 노동력과 시간과 신변의 안전까지를 터무니없이 싼 값에 차출당하는 장병들에게 충분한 보상이 주어져야 한다는 것 또한 그 자체로는 이론의 여지가 없을 것이다.

그러나 이 문제가 감정적인 성대결과 여성혐오로 비화할 때, 징병제를 도구 삼아 남성 인력을 무책임하게 다루는 국가는 군 복무에 대한 불만의 에너지를 실질적으로 해결할 책임을 여성들에게 손쉽게 떠넘

---

25 신시아 인로, 앞의 책.
26 이스라엘의 여성 병역거부자이자 평화 활동가인 알렉스 파루신 역시 한국의 병역거부자인 임재성과의 인터뷰에서 군사주의와 남성성의 관계에 대하여 비슷한 진단을 내린 바 있다.(임재성, 《삼켜야 했던 평화의 언어》, 그린비, 2011)
27 '찾기 쉬운 생활 법령 정보' 홈페이지(oneclick.law.go.kr), 홈〉생활법령〉여군 제도〉여성의 병역 의무 여부 항목.

기고 뒷자리로 숨는다. 마치 1999년 군 가산점 위헌 판결 당시 자극적인 언론 플레이에 기대어 남성들의 복무 기피를 여성혐오로 전환하던 국방부의 모습이나[28], 2015년 8월 서부 전선 포격 당시 전쟁 개시와 관련된 유언비어와 동요를 제어하기는커녕 예비군들의 들뜬 군복 인증샷 릴레이를 오히려 부추기던 대한민국 육군의 모습처럼 말이다. 남성들의 희생을 정말 값싸게 여기고 있는 것은 과연 누구인가.

'여자 아닌 여군' 앞의 함정

여기까지의 이야기는 여성의 병역과 관련하여 일반적으로 다루어지는 이슈들이다. 남성의 억울함, 남성의 분노 같은 것들 말이다. 그러나 현재 이미 국방부에 소속되어 있는 여성 군인들 및 그 지망생들의 목소리는 군사주의와 젠더 문제를 다루는 자리에서 좀처럼 조명되지 않는다. 징병제를 통하여 일반 사병으로 입대하는 것은 아니지만, 한국에서도 1949년부터 이미 여군 제도가 꾸준히 시행되어오고 있음에도 말이다. 그렇다면 여군 당사자들은 군 복무와 젠더의 문제에 관하여 어떤 생각을 가지고 어떻게 생활하고 있을까.

〈진짜 사나이: 여군 특집〉은 징병 대상 남성들의 인정 욕구를 해소하는 예능인 동시에 군대 내의 여성들이 처한 상황의 맥락이 섬세하게 드러난 텍스트이기도 하다. 이 특집의 무대는 육군 부사관학교다. 이곳

---

28 군 가산점 위헌 소송 당시 언론의 보도 행태와 관련하여서는 배은경의 「군가산점 논란의 지형과 쟁점」(《여성과 사회》 제11호, 2000)을 참조.

의 여군들에게 군대는 징집된 남성들과 달리 자발적으로 선택한 진로로서 그 동기가 저마다 분명하게 존재한다. 특히나 '여군 특집' 2기의 첫 회에 등장한 출연진 면접 장면은 기업 입사 면접과 별로 다를 바가 없어 보일 정도이다. 여성들에게 군대는 경력을 쌓고 자기계발을 하고자 하는 이들이 택할 만한 매력적인 선택지라는 점이 이 프로그램을 통해 홍보되고 있는 것이다.[29]

김엘리의 연구에 따르면, 실제 복무 중인 여군들에게 있어 군인 되기의 의미는 능력 있는 자기 추구의 실현으로 요약된다고 한다.[30] 이들에게 군대는 극한 상황에서 자신의 능력을 계발하는 곳이고, '남성들도 힘들어하는 군대에서 나는 해냈다'라는 경험은 제대 후에도 사회에서 유용할 것으로 기대된다는 것이다. 이러한 관점은 남성들이 출연하는 〈진짜 사나이〉 본편의 전반에 걸쳐 있는 군사훈련을 통한 자기계발이라는 서사와 상통하는 것인데, 실제 여군들이나 '여군 특집'의 출연진들에게는 이에 더하여 젠더적인 특수성이 씌워진다. 군대에서의 자기계발이란 성별 중립적인 것이 아니라 지배적 남성성을 획득하는 과정이기에, 여성이 군대에서 자기계발을 한다는 것은 젠더적인 긴장을 불러일으키는 일이기 때문이다. 김엘리의 연구는 여군들이 이 과정에서 자신의 여성성을 부정하는 것에 별다른 거부감을 보이지 않는다는 점

---

29 자기계발 기회의 박탈이 군 기피 심리의 주요 요소로 떠오르면서 국방부에서 이 문제를 중요하게 다루고 있는 듯하다. 징집된 남성 병사들을 대상으로 일부 사단에서 시행되고 있는 자기계발 프로그램은 그 단적인 사례다. 관련 자료로는 이정원의 「군에서의 자기계발 프로그램의 효과성에 대한 연구」(《디지털 융복합 연구》 제13권 1호, 2015)가 있다.
30 김엘리, 「초남성 공간에서 여성의 군인 되기 경험」, 〈한국 여성학〉 28권 3호, 2012.

을 포착해낸다. 군대가 다른 분야보다 더욱 성평등할 것이라는 기대를 가진 이들에게는, 남성 중심적인 군사 문화 안에서 여성성을 버릴 것을 요구받는 상황 또한 전통적이고 부정적인 여성상으로부터 탈피할 수 있는 좋은 기회처럼 여겨지는 것이다.

이는 〈진짜 사나이: 여군 특집〉에 출연한 여성 훈육관들이 모두 공유하는 태도이기도 하다. 이 프로그램 속에는 여성성이란 군인으로서의 기준에 미달되는 그 무엇이며, 여성성과 군인 됨은 서로 어울리지 않는 것이라는 말이 가득하다. 훈육관들과 출연자들 사이에서 젠더 문제와 관련하여 가장 큰 갈등이 빚어지는 장면은 바로 1기 출연자 맹승지가 각개전투 훈련 중 얼차려를 받는 부분이다. 체력이 떨어진 맹승지는 무릎을 땅에 대고 팔굽혀펴기를 하려다 훈육관인 소대장에게 호된 지적을 받는다. 이에 맹승지가 엉엉 울면서 "여자는 원래 이렇게 한단 말입니다!"라고 소리치며 반항하는데, 이것이 본인 역시 여성인 소대장의 심기를 무척 거스르게 된다. "소대장은 여러분한테 군인이 되라고 했지 남자가 되라고 안 했습니다!"라는 훈육관의 호통에는 남성성도 여성성도 아닌 제3의 지대에 중립적인 '군인성'이라는 것이 따로 있다는 전제가 깔려 있다.

이 전제는 과연 참일 수 있을까. 우리나라 여군의 경우 비록 창설 자체는 1949년으로 이른 편이었으나, 전체 군인 중 여군이 차지하는 비율 또한 남군에 비하면 턱없이 미미한 수준이다. 이 문장이 성평등을 위해서는 여군의 비율이 50 대 50에 가깝게 높아져야 한나는 식의 주장으로 읽히지 않기를 바란다. 중요한 것은 이미 남성 중심적으로 형성되어온 바람직한 군인의 상이 존재하고 군사 문화 역시 지배적 남성성을 권장하고 있는 현실의 존재다. "여기서 여자라는 말이 왜 나옵니까 지금? 후보생 지금 여자입니까?"라는 훈육관의 닦달에 "남자는 아닙니다!"라고 받아친 맹승지의 말은, 이미 젠더 편향적으로 구성된 시스템 속에서 이루어지는 '여자이지 말라'는 요구가 결국 '남성성을 획득하라'라는 요구일 수밖에 없다는 일말의 진실을 드러낸다.

　여기에서 여군들은 일종의 함정에 빠진다. 여성 본인들에게 족쇄가 되는, 전통적인 규범이 상정하는 여성성을 주체적으로 탈피하는 것은 일견 가능한 일일 수 있다. 그러나 탈피 후의 목적지로서 여자도 남자도 아닌 중립적인 군인성이 있으며 그것을 성취하면 탈젠더화된 자기실현을 할 수 있으리라는 생각은, 군사주의와 남성성의 공고한 관계 앞에서 결국 환상에 머무르게 된다. 마치 여자도 군대에 가라는, 표면적으로는 성평등 지향적인 주장이 실은 현재의 성차별을 합리화하는 도구가 되듯이 말이다. 시스템 자체의 부조리를 은폐하면서 삶의 모든 영역을 개인의 선택과 노력의 문제로 치환하는 신자유주의적 원리는 여군의 군인 되기라는 장에서도 깊이 작용하고 있는 것이다.

초(超)남성적 공간 속의 여성이라는 존재

군대에 가야 어른이 되고 진정한 남자가 된다는 흔한 수사. 이는 군사주의의 남성 중심성을 드러내주는 동시에, 다른 한편으로는 남성성이란 태어나면서부터 갖고 나는 것이 아니라 만들어지는 것임을 암시하기도 한다. 말하자면 남자가 아닌 사람들도 특정한 과정을 거치면 '남성성'을 획득할 수 있다는 가능성이 이 수사에 도사리고 있는 것이다.

사회가 요구하는 이상적인 인재상으로서의 지배적 남성성을 말이다. 초남성적인 공간인 군대에 진입한 여성 군인들은 바로 이러한 가능성을 눈앞에 드러내 보이는 존재들이며, 안정적인 것처럼 여겨졌던 성별질서의 체계를 흔드는 씨앗이 된다.

여군의 존재는 남성 중심적인 군 제도의 장벽을 깨는 것처럼 보일수 있고 실제로 그런 측면이 분명히 존재한다. 하지만 전 세계적으로 볼때 이는 군대의 가부장적 남성 중심성을 깨뜨리지 않는 수준까지만 용인되고 있는 것이 현실이다.[31] 〈진짜 사나이: 여군 특집〉의 연출진 또한여성이 군인의 임무를 수행함으로써 발생하는 성별 질서의 교란을 지우기 위해 각고의 노력을 다한다. 여성 출연자와 여군 부사관 후보생들이훈련 과정에서 성취를 보일 때마다 '어머니'나 '아내', '딸'로서 상찬하는것은 물론, 그들의 말에 일일이 꽃무늬 자막을 달거나 남자 친구의 편지를 읽으며 수줍게 얼굴을 붉히도록 하는 등의 여성화 전략을 끊임없이노출하는 것이다. 부사관 계급장을 받는 날 곱게 화장한 얼굴에 스커트정복을 차려입는 것으로 이들의 여정이 마무리되는 것은, 모래밭을 구르고 유격 훈련을 받던 모습을 지우고 안전한 마침표를 찍는 일인 셈이다.

그러나 이 전략은 종종 실패한다. 가령 군사훈련을 통해 얻어지는자질 중 하나인 '단결심과 협동심'을 보자. '여군 특집'에서 며칠 되지도않는 짧은 기간 동안 함께 생활했을 뿐인 출연자들과 부사관 후보생들사이의 끈끈한 팀워크는 수다 떨기와 감정적인 눈물 짜기의 반복을 통해 얻어진 것이었다. 군인은 울어서는 안 된다고 다그치는 훈육관과 교

---

31 신시아 인로, 앞의 책.

관들이 가득한 군대에서, 자기소개를 하다가 울컥하여 울어버리고 훈련이 마음대로 되지 않자 옆 사람들에게 미안해서 울어버리는 동료를 다독이는 행동이 오히려 이들의 군인 됨을 만들고 있었던 것이다.

사실 '앞에서는 굴리고 뒤에서는 달래주는' 리더십은 남성들로만 이루어진 조직에서도 널리 운용되는 것이다. 가령 과거의 대표적인 군대 예능인 〈우정의 무대〉에서 가장 인기 있는 코너였던 '그리운 어머니'를 떠올려보자. "엄마가 보고플 때 엄마 사진 꺼내놓고/ 엄마 얼굴 보고 나면 눈물이 납니다"라는 노래로 유명한 이 코너는 엄격한 상관과 자애로운 어머니라는 모델에 입각해 있다. 아들의 고통에 마음 아파하는 어머니의 존재는 군인의 마음을 위로하기도 하지만 한편으로는 군인을 통제하는 수단이 되기도 한다. 군대에서 '사고를 치면' 나뿐만 아니라 어머니도 괴로워질 것이라는 반복적인 세뇌는 군대에서의 희생과 복종을 감내하게 만들고, 어머니와 애인, 즉 여성들을 보호하기 위하여 군대에 왔다는 남성적 자긍심을 심어주는 기제로 사용되기도 하는 것이다.[32]

남성 군인들에게 있어 이와 같은 당근과 채찍 전략은 가부장적 성별 질서와 충효사상에 입각하여 운용되는 것이었지만, 〈진짜 사나이: 여군 특집〉의 여성들 사이에서 이 '당근'은 프로그램 내내 여성화되고 격하된 행동인 질질 짜기와 약한 소리 하기를 통하여 이루어졌다. 그 결과물 또한 여성들 사이의 '소녀 같은' '자매애'인 동시에, 군대가 요구하는 지배적 남성성의 요건 중 하나인 단결력과 협동심을 갖춘 군인 정신이라는 점에서, 군인 됨의 성별화를 혼란스럽게 만들고 있다.

---

32 김현영, 「병역 의무와 근대적 국민 정체성의 성별 정치학」, 이화여자대학교 석사논문, 2002.

이러한 어그러짐은 2기 출연자인 걸그룹 f(x)의 멤버 엠버의 존재에서 가장 잘 나타난다. 어지간한 남자를 능가하는 신체 능력으로 이미 잘 알려진 그녀는 체력 검정은 물론 각개전투와 유격 훈련에 이르기까지 각종 신체적 혹사를 아무렇지 않게 견뎌낸다. 이처럼 남성성을 지나치게 잘 수행하는 여성이라는 존재는 군사주의의 기반인 성별 분리의 질서를 몹시 교란하는 요소가 된다. 〈진짜 사나이: 여군 특집〉에서 훈육관 및 교관들이 가장 당황하는 순간 중 하나가 엠버의 신체적 능력을 목도할 때라는 점은 이러한 맥락에서 눈여겨볼 만하다.[33]

핼버스탬에 따르면, 10대 소녀의 남성성을 뜻하는 톰보이즘은 독립성과 자발성의 징표로 읽히지만 이는 사춘기 이전까지만 용인되는 것이다. 사춘기가 시작되면 젠더 순응의 전면적인 힘이 소녀를 압도하게 되고, 많은 여자 아이들의 톰보이 본능은 이 단계에서 순응적인 형태의 여성성으로 개조된다.[34] 이에 굴하지 않고 튀어나온 존재인 엠버의 남성성을 안전하게 만들기 위해 〈진짜 사나이: 여군 특집〉은 각종 연출 전략을 선보인다. 엠버의 신체 능력이 여자에게는 좀처럼 없는 것, 이례적인 것임을 계속 부각하는 한편, 엠버가 하는 모든 행동들을 다른 출연자들보다 한층 더 높은 강도로 여성화하는 것이다. 이 시도는 유격

---

33 엠버의 출연 이후 1년여의 시간이 지난 2016년 가을, 여군 특집이 아닌 〈진짜 사나이〉의 본편에 출연한 여성인 이시영의 경우도 이와 관련하여 주목할 만하다. 이시영은 소위 '아름다운 여배우'인 동시에 프로 복싱 선수이기도 하다. 겉보기로는 연약한 이미지의 여성인 이시영은 남성 출연자들과 한 공간에서 군사훈련을 받으며 웬만한 남성을 훨씬 뛰어넘는 신체 능력을 자랑했다. 이에 남성 출연자들이 열등감을 표출하는 모습이 방영 기간 동안 비추어졌고, 〈진짜 사나이〉의 제작진은 그와 같은 성별 고정관념을 강화하면서 이시영을 '여자'로 '주저앉히려는' 연출을 적극적으로 보여준 바 있다.

34 주디스 핼버스탬, 《여성의 남성성》, 유강은 옮김, 이매진, 2015.

훈련 중 선글라스를 벗은 남성 교관에게 반한 엠버의 반응을 하나의 에피소드로 승격하는 지점에서 극에 달한다. 이는 엠버가 알고 보니 이성애 욕망을 가진 '정상적인' 여자이더라는 것을 선포하고 고정하는 전략이다. 여성의 남성성이 잠재적인 퀴어 정체성과 결합되어 있을 때에는 승인을 받기 힘들지만, 남성성을 수행하는 여성이 단호한 이성애를 보여줄 때에는 용인 가능한 것으로 여겨진다는 핼버스탬의 지적은 이처럼 엠버를 둘러싸고 어쩔 줄을 몰라하는 연출에서 여실히 드러난다.

엠버가 보여준 남성성의 불안정함은 〈진짜 사나이: 여군 특집〉에 나온 독특한 한 캐릭터 정도의 차원을 넘어서는 문제다. 그녀는 특집이 방영되고 몇 개월이 지난 후인 2015년 여름, 자신의 인스타그램 계정에 "(나의 옷차림을) 싫어하는 사람은 앞으로도 싫어할 것이고 그럴 수 있지만, 내 면전에서 모욕하는 것은 전혀 다른 문제다. 남자와 여자가 특정한 한 가지 모습으로만 제한되어야 한다고 생각하지 않는다"라는 글을 올려 화제가 된 바 있다.[35] 연출진의 전략에 따라 재단되고 서사화되는 예능 프로그램 속에서는 그럴 여지가 없었지만, 자연인으로서의 엠버는 규범적인 성별 질서와 억압에 대하여 *꾸준히* 문제를 제기하는 사람인 것이다. 엠버처럼 돌출적인 예능 출연자뿐 아니라 군대 조직 내부의 모든 여성 군인들은 저마다 문제적인 위상을 지닌다. 초남성적 공간에 여성들이 진입하는 순간 그 존재 자체가 질문을 생산해내기 때문이다. 사나이란 무엇인가, 그리고 군인 되기란 무엇인가 하고.

---

35 최지은, 「엠버는 자기 자신의 모습으로 아름답다」, 〈IZE〉, 2015. 8. 3.

03

**치정과 멜로,
그 경계에서 데이트 폭력을 묻다**

이 글은 한국성폭력상담소 부설연구소 울림에서 발행한 「반성폭력 이슈 리포트」 10호와 월간 〈좌파〉 제43호에 게재된 것입니다.

김보화

대학원에서 여성학을 공부했다. 지금은 한국성폭력상담소 부설연구소 울림에서 반성폭력 운동 현장의 고민들을 언어로 만들어내는 것에 골몰하고 있다. 여성주의 정당 운동에도 관심이 많아 진보 정당에서 활동하기도 했다. 계획 짜는 걸 좋아하고, 계획대로 되어야 직성이 풀리지만, 인정도 빠르고 융통성도 있다고 자부하고 있다. 이제 여성주의 운동의 '다음'을 계획하는 일에 열중하는 중이다.

'경찰과의 치맥 파티'로 데이트 폭력을 근절한다고?

2015년 하반기를 기점으로, '데이트 폭력'에 대한 폭로와 제보가 언론을 통해 빠르게 확산되고 있다. 데이트 폭력이란, 넓게는 전 애인, 현 애인, 부부 관계 등에서 발생하는 친밀한 관계에서의 폭력(Intimate Partner Violence, IPV)을 의미하며 물리적 폭력을 비롯하여 정서적, 환경적, 성적 폭력을 포함한다. 대표적인 사례로는 '진보 진영' 내에서 활동했던 남성들의 폭력에 대한 전여자 친구들의 폭로, 의학전문대학원 남학생이 여자 친구를 납치하고 폭행한 사건, 술에 만취한 여자 친구를 대상으로 모욕적인 사진을 찍고 배포한 남자 친구, 헤어진 애인이나 아내에게 염산을 뿌리거나, 납치, 감금, 살해한 사건에 이르기까지 세대와 사회의 각 분야를 아우른다. 이처럼 다양한 층위와 유형의 가해 행위가 있지만, 언론에서는 여성들이 일상적으로 경험할 수 있는 데이트 폭력보다는 신체적·성적 폭력 피해가 심했던 사건들을 선정적으로 보도함으로써, 여성을 잠재적 피해자 집단으로 구성하고, 공포 담론을 재생산하고 있다.

2016년 2월, 경찰은 데이트 폭력 대책 마련을 위해 전국 경찰서에 '연인 간 폭력 근절 태스크포스팀'을 설치하고, 한 달간 집중 신고 기간을 운영하였다.[1] 신고는 급증했다. 이제라도 국가적 차원에서 관심을 갖기 시작한 것은 환영할 만하나, 곪을 대로 곪아 터져 나온 데이트 폭력의 문제가 한 달 만에 근절될 리 만무하고, 공권력의 힘만으로 해결할 수 있을지도 의문이다. 핵심을 잘못 짚고 있기 때문이다. 이번 집중 신고 기간 동안 대구 경찰은 "데이트 폭력은 가라!! 불타는 치맥 파티"라는 이벤트를 기획하였다. 데이트 폭력을 방지하지 위해 여성들이 20·30대 남성 경찰과 페이스북 친구를 맺고, 이참에 소개팅도 하자는 내용이었다. 여성은 국가가 '보호'해야 할 대상이므로 남성 경찰이 보호해주겠다는 것이지만, 그 여성은 국가가 보호해야 할 '국민'이 아니라, 같이 치맥을 먹는 '소개팅녀'으로 전락하는 것이다. 데이트 폭력은 젊은 여성에게만 일어날 것이라는 착각, 데이트 폭력의 문제를 희화화하면서 여성을 성적 대상으로 다시 고정하는 어리석음, 젊은 남성 경찰과

---

1 경찰청은 2016년 2월 2일 데이트 폭력 대응체제 관련 보도자료를 통해 전국 모든 경찰서에 형사과장을 팀장으로 하고 형사 한 명과 여성 청소년 전담 수사관 한 명, 상담 전문 여경, 피해자 보호 담당자 등으로 구성된 '연인 간 폭력 근절 태스크포스(TF)'를 꾸린다고 밝혔다. 그리고 이 태스크포스는 데이트 폭력 사건이 발생했을 때 가해자를 처벌하는 업무뿐만 아니라, 사건 발생 이후에도 가해자의 폭력성과 상습성 등을 확인해 직접 접근이나 연락을 하지 말라고 가해자에게 경고하는 업무까지 맡는다고 한다. 또한 정부가 1월 28일 국가정책조정회의에서 확정한 「4대악 근절 추진 실적 및 2016년 추진 계획」에 따르면, 정부는 스토킹 방지 및 처벌 강화를 위한 법제화 방안 검토 등 정책의 사각지대 해소를 위한 대책을 강화하겠다고 한다.(한국여성의전화 화요 논평, 2016. 2. 16.(http://hotline.or.kr/board_statement/24274))

친하게 지내면 데이트 폭력은 없어지거나 줄어들 것이라는 안이한 인식은 공권력을 작동하는 주체와 맥락이 이미 남성 중심적이기 때문에 문제의 핵심에 접근하지 못하고 있다.

데이트 폭력은 남성 경찰이 여성을 보호해줌으로써 예방할 수 있는 성질의 것이 아니라, 해당 사회의 남성성·여성성이 구성되는 구조와, 개인이 그것을 수행(해야만)하는 과정과 관련이 있다. 따라서 데이트 폭력 문제에 접근하기 위해서는 개별 남성과 여성을 넘어서 상징적이고 기호화된 의미로서의 여성과 남성, 그리고 남성성을 골간으로 폭력이 구조적으로 만들어지는 방식과 과정을 꼼꼼히 돌아볼 필요가 있다. 이 글은 친밀한 이성애 관계에서 폭력을 용인하고 추동하는 구조에 대한 탐색과, 개인의 일상을 넘어 이것이 어떻게 우리 사회의 젠더 규범을 유지하고 강화하는지에 대한 고민에서 시작된다.

데이트 폭력은 어떻게 만들어졌나: 언어가 만들어지면 피해는 발견되고 급증한다

데이트 폭력이라는 언어가 대중화된 지는 얼마 되지 않았지만, 데이트 폭력은 인류 역사상 언제나 존재했(을 것이)고, 그만큼 빈번했다. 지금 우리가 데이트 폭력이라 부르는 것들은 과거 '치정 폭력', '치정 살인'이라 부르던 것들이 현대화된 것이고, '애틋한 로맨스'라 믿었던 '따라다니기', '기다리기' 등은 이제 스토킹이라 불린다. 가정(아내) 폭력은 과거 '칼로 물 베기'라고 표현되면서 심지어 경찰이라 할지라도 제삼자는 개입할 수 없는 '부부 싸움', '사랑싸움'이었다. 또한 90년대 말 '서울대 신

교수 사건'에 대한 투쟁의 결과로 '성희롱'이라는 언어가 만들어지면서 '이름 없는 폭력'에 불과했던 성희롱은 이제 법과 제도적으로 대응 체계를 갖추고, 예방과 해결 방법까지 알려져 있다.

언어가 만들어지면 피해는 발견되고 급증한다. 일상적이었던 것이 언어화되었을 때, 그제서야 '특별한' 사건이 되는 것이다. 이러한 언어의 생성은 개인과 개인, 여성과 남성의 불평등한 관계 맺음과 무기력한 소통 과정으로 인해 피해의 심각성이 임계점에 다다랐을 때 터져나오는 폭발적 저항의 결과다. 언어는 중립적인 듯 보이지만 그 언어에 연루된 사람, 위치, 이해관계에 따라 전혀 다르게 활용되는 매우 '정치적인' 속성을 품고 있다. 과거 가정 폭력과 데이트 폭력이 사랑과 로맨스의 연장선으로 이해되었음을 상기해본다면, 언어야말로 문화·담론의 헤게모니를 함축하는 권력의 상징이다. 그러나 데이트 폭력과 같은 저항적 언어가 만들어지고 알려지는 것은 기존의 남성 중심적 관계에 대한 도전으로 진단되었기 때문에, '역차별', '꽃뱀', 그리고 무수한 '○○ 맘', '○○녀' 시리즈 등 여성혐오적인 공격으로 되돌아왔다. 문제는 현재까지 만들어진 저항의 언어가 폭력적이고 차별적인 많은 문제들 가운데 극히 일부분에 불과하기 때문에 계속해서 극에 다다른 또 다른 문제들이 터져 나오고 있다는 것이다. 여전히 명명되지 않고 재개념화되지 않은 성차별적 문제들은 차고 넘치지만, 그것이 언어화되는 만큼 사적인 공간에서 여성혐오와 폭력은 저항에 대한 '효과적인' 제압 방식으로 기능하고 있다.

이처럼 폭력은 구조적으로 만들어진다. 행정학 연구자이자 반 여성폭력 운동가인 스타크는 친밀한 관계에서의 폭력을 "강압적 통제"로 개념화하면서, 폭력이 어떻게 기능하고 있는가를 질문한다.[2] 신체적 폭력을 넘어, 정서적·심리적 폭력이 여성을 공포로 몰아넣음으로써 개인의 권리와 자율성을 억압한다는 것이다. 또한 강압적 통제는 성평등으로 인해 흔들리는 '성에 기반한 특권'을 유지하기 위해 남성들이 사적 공간에서 실행하는 지배 수단이라고 주장한다. 여성이 사적 영역에서 행하는 활동들을 쉽게 비난하고 통제, 규제할 수 있는 것은 성역할에 대해 구조적이고 문화적인 제한들이 상식으로 통용되는 성차별적 사회가 지속되고 있기 때문이라는 것이다. 따라서 누가 폭력을 저질렀는가보다 중요한 것은 그 폭력이 유지하고자 하는 것이 무엇인지를 돌아보는 것이고, 그것이 바로 강고한 젠더 규범임을 분석적으로 살펴봐야 한다.

소라넷: 여성의 사적 공간에 대한 강력한 통제 방식

2015년 말, 인터넷 커뮤니티 '소라넷'의 존재와 그 내용이 공론화되면서 여성혐오가 사적 공간에서 어떻게 실천되는지와 더불어 여성에 대한 집단적 조롱과 통제의 방식을 보여주었다. 1999년에 시작된 소라넷은, 2000년대를 지나면서 평균 조회수 5만 건을 기록하는 대형 사이트로 성장했으며, 100만 명의 회원 수를 보유하고 있다.[3] 소라넷은 초기에

---

2 Stark, E.(2007), *Coercive Control: How Men Entrap Women in Personal Life*, Oxford: Oxford University Press(허민숙, 「"폭력이 있었던 것은 아니지만…"—친밀한 관계에서의 강압적 통제와 가정폭력 재개념화를 위한 연구」, 〈페미니즘 연구〉 제12권 2호, 2012에서 재인용)
3 「소라넷 vs 경찰' 16년 숨바꼭질 전말」, 〈일요신문〉, 2015. 11. 30.

주로 '야한 이야기'를 게시하고 링크를 걸어놓는 수준이었으나, 더 자극적이고 폭력적인 콘텐츠가 관심을 받으면서 부인, 여자 친구, 엄마, 누나, 여동생, 골뱅이녀(술에 만취해 몸을 못 가누는 여성) 등의 신체 일부 등을 몰래 찍고 공유하고, 함께 강간을 모의하기까지 하는 '거대한 강간 왕국'으로 급성장하였다. 이들은 술에 취해 공공장소에 쓰러져있는 여성에 대해 '술도 약한 주제에 자기 몸단속 하나 제대로 하지 못하며 남자를 두려워하지 않는다'라며 조롱하고 분노했다. 한편 이들은 '초대남'과 같은 문화를 통해 함께 범죄를 모의하고, 혼자만 '나쁜 놈'이 아니라는 불편함을 완화하면서 남성 연대를 공고히 한다. 문제가 제기되거나, 사건화됐을 경우 '재수 없어서 걸린 것', '남들도 다 하는데'라는 정당화가 만들어지는 것은 이 때문이다.

이것은 존재 자체만으로도 여성들에 대한 집단적 폭력이자 통제다. 남성 개인의 존재에 대한 위기와 두려움이 상대에 대한 지배와 폭력의 형태로 갈음되고, 가부장제, 분단 체제, 신자유주의 질서와 같은 구조적인 모순이 개인적인 형태로 복수되고 정당화되는 것이다. 이러한 여성에 대한 혐오와 사적 폭력은 남성들의 자기 분열과도 연관된다. 여성학자 우에노 치즈코는 호색한이 여성혐오적이라는 사실은 남자들이 '남성 됨'이라는 성적 주체화를 이루기 위해 여성이라는 타자에게 의존할 수밖에 없는 모순을 민감하게 의식하고 있기 때문이라고 말한다.[4] 다시 말해 자신이 성적으로 남성인 것을 증명할 필요가 있을 때마다 여자라는 시시하고 불결하며 이해 불가능한 생물에게 욕망의 충족

4　우에노 치즈코, 《여성혐오를 혐오한다》, 나일등 옮김, 은행나무, 2012.

을 의존할 수밖에 없다는 사실에 대한 남자들의 분노와 원한이 여성혐오의 내용이라는 것이다. 따라서 소라넷과 같은 커뮤니티는 친밀한 관계에서 발생하는 폭력의 정당화, 규범에 벗어나는, '조신하지 못한 여성'에 대한 혐오, 여성에 대한 통제가 연결되는 지점이자 자기 분열의 상징이며, 수호하고자 하는 남성성이 훈련되고 재현되는 강력한 규율적 성격을 가진다.

남성성 수행으로서의 데이트 폭력

여기서 말하고자 하는 남성성이란 생물학적으로 내재된, 특별한 개인의 특성이 아니다. 또한 이는 성역할에 의해 만들어지는 단순한 것이 아니라 개인이라는 개념이 생긴 18세기 이후 여성성과의 관계적 개념으로 발달된 것이다. 사회학자 R. W. 코넬에 따르면, 남성성이란 젠더 관계 속의 장소이자, 그 장소에서 남녀가 관여하는 실천이며, 그런 실천이 육체적 경험, 인격, 문화에서 만들어내는 효과다.[5] 즉, 젠더는 특수한 문화적 조건 속에서 남성다움과 여성다움을 행하는 것에 불과하다는 것이다. 이것은 결코 우연적으로 발생한 것이 아니다. 남성성은 가족과 학교에서 남자다워야 한다고 주입되는 성역할, 포르노그라피 등을 통해 전달되는 여성에 대한 성적 대상화와, 스포츠와 군대를 경험하는 동안 조직적·위계적 관계 등을 습득하면서 연습된다. 연습된 남성다움은 일정한 때가 되면 이성애 연애 관계에서 비로소 실천되는데, 돈을 더 쓰

5 R.W. 코넬,《남성성/들》, 안상욱·현민 옮김, 이매진, 2013.

고, 가방을 들어주고, 어두운 밤길을 데려다주면서 보호자의 권한을 확보한다. 더군다나 여성은 성적으로 무지하거나 자신의 성적 욕망에 둔감하다는 믿음 아래 여성의 'No'는 'Yes'를 의미할 뿐으로, 여성은 성적으로 가르쳐주고, 리드해야 할 대상이 된다. 이런 남성성은 훗날 이성애 가족에서 가장이라는 이름으로 밀봉되는데, 자녀와 아내를 책임져야 한다는 부담과 더불어 그들을 통제할 권리와 결합되며 완성된다.

남성성은 저절로 생성된 것이 아니며, 위계적 남성성을 추구하도록 독려하는 구조 속에서 순환된다. 여성학자 벨 훅스는 직장 등의 공적인 세계에서 권력적 관계로 인해 굴욕감을 느끼고 심리적 학대를 받는 남성들이 폭력을 억누르고 있다가 '통제'할 필요가 없는 상황에서 여성을 학대하거나 폭력을 행사하면서 순환된다고 말한다.[6] 더욱이 경쟁 속에서 생존해야만 하는 신자유주의적 경제 구조 아래 실업이 증가하면서 미래에 대한 불안과 두려움으로 인한 분노의 감정이, 친밀한 관계에서, 해고나 보복을 걱정하지 않아도 되는 여성에게 분출되기도 한다는 것이다.

남성성이란, 타고나면서부터 주어지는 것이 아니라 지배적 위치를 점유하기 위해 끝없는 노력으로 '수행'되는 것이다. 이 수행 과정에서 데이트 폭력은 특별한 사건이라기보다 남성다움의 전형적 실천으로 이해할 수 있다. 강한 남성이 미인을 얻는 약육강식의 세상에서 '루저'가 되지 않기 위해서는 약한 여자를 보호하고 지배해야 한다는 자만은 결국 의사소통의 거부로 이어지는 것이다. 이런 상황에서 데이트 폭력

---

6 벨 훅스, 《페미니즘 : 주변에서 중심으로》, 윤은진 옮김, 모티브북, 2010.

이란 (힘의 차이를 무시한 채) 살짝 밀친 장난이거나, 타이름이거나, '터프한' 성적 관계거나 '오빠'가 생각하기에 그럴 말한 이유가 있는 것으로 어렵지 않게 정당화된다. 따라서 데이트 관계에서 성폭력이라는 명명은 더더욱 성관계를 동의한 여성의 변심과 모함에서 비롯된다고 믿어지는 것이다. 스토킹 역시 같은 선상에서 이해될 수 있다. '내 소유인 여자', 내게 호감이 있다고 생각한 여자 혹은 내가 좋아했던 여자가 내 허락도 없이 나를 떠나거나 다른 남자를 만나는 것은 나의 남성다움을 훼손하는 일이기 때문에, 이별 통보 후에도 지속적인 괴롭힘과 집착으로 이어진다.[7] 친밀한 관계에서의 정서적 폭력에서부터 가정 폭력으로, 때로는 살인에까지 이르는 이 폭력은 사적 공간에서 자신의 지배적 위치를 점하고자 하는 남성성의 수행 과정으로 이해할 수 있다.

무엇이 피해로 만들어지는가: 데이트 성/폭력은 동의·합의·거래·보살핌의 경계에 있다

미국에서 진행된 미즈프로젝트의 연구결과에 따르면[8], 법적 의미의 강간을 경험한 여성 중 27퍼센트만이 자신을 강간 피해자라고 생각했다. 이 피해자들의 42퍼센트는 가해자와 다시 성관계를 가졌다. 미즈프로

7 한국여성의전화에서 2009년부터 2013년까지 관련 범죄 보도를 취합한 결과에 따르면, 친밀한 관계에 의해 살해당한 여성 최소 452명, 미수 포함 최소 655명, 주변인 피해 포함 최소 797명이고, '헤어지자고 했을 때' 살해될 가능성이 가장 많았다.(한국여성의전화, 「2013년 분노의 게이지 친밀한 관계에 있는 남성에게 살해당한 여성 통계 분석」, 2014)

8 로빈 월쇼, 《그것은 썸도 데이트도 섹스도 아니다》, 한국성폭력상담소 부설연구소 울림 옮김, 미디어 일다, 2015.

젝트는 이러한 여성들의 태도를 여성이 자신의 경험을 수용 가능한 것으로 만들려는 것으로 '이미 일어난 일을 합리화하기 위한' 일종의 시도였다고 분석한다. 이 연구의 결과는 현재 한국 상황과 크게 다르지 않다. 대부분의 성폭력은 아는 사람 간의 관계에서 발생한다. 따라서 피해자들은 피해 직후 성폭력인지, 아닌지를 두고 갈등의 시간을 갖는다. 그 기간에 관계를 재정립하기 위해서 만나기도 하고, 다시 섹스도 해보고, 메시지도 주고받아본다. 그러나 상대의 성적 행동이 '호감'이나 '사랑'이 아니라 순간의 '욕정' 때문이었다고 인식되는 순간, 불편하고 찝찝했던 성적 행위는 성폭력으로 '명명'된다(그러나 이러한 명명 자체도 실로 엄청난 용기다). 그리고 피해자 됨을 인정하고 싶지 않았던 그녀의 행위들은(섹스, 함께한 대화 내용, 메시지 등) 훗날 남성 경험 중심적인 법적 공간에서 피해가 아니었음을 증명해주는 증거로 전락한다.

많은 사람들이 피해 이후 피해자가 왜 계속 가해자를 만났는지에 대한 의심을 거두지 못한다. 성폭력이란 여전히 특정한, 흉악범, 사이코패스에 의해서 발생한다고 믿기 때문이다. 하지만 성폭력의 85퍼센트 이상은 서로 아는 관계에서 일어나고 전·현 데이트 상대로부터 피해를 경험하는 경우도 26퍼센트에 이른다.[9] 그런데 데이트 폭력은 많은 경우 폭력, 스토킹, 협박과 직장, 가족, 친구 등 주변의 관계망 등을 감시하고 차단하는 방식으로 일어나기 때문에 폭력적인 관계를 끊어내는 것은 상당히 힘든 일이다. 무엇보다도 자신을 피해자로 인정하는 것은 생각보다 어려운 일이다. '내가 애인한테 성폭력이나 당하는 나약하고, 힘없

---

9 한국성폭력상담소, 「2015년 상담 통계」, 2015

는 여성이었는가'라는 질문을 극복해내면서, 사람들의 시선도 견뎌야 하는 어려운 문제라는 것이다. 뿐만 아니다. 피해자라고 '친다면', 고소를 해야 하는지, 어디에 해야 하는지, 이제 주변 관계는 어떻게 해야 하는지, 가족들에게는 어떻게 이야기해야 하는지, 이 일을 통해 발생하는 금전적·시간적·정신적·건강상 피해들은 어떻게 할 것인지와 같은 질문은 꼬리표를 물며 끝이 없다. 나 하나만 참으면 모든 일은 없던 일이 된다고 여기게 되므로 성폭력 신고는 5~10퍼센트를 넘지 못한다. 이제 질문은 누가 피해자가 되는가, 왜 떠나지 않았는가, 어떻게 예방하는가가 아니라 친밀한 관계에서 피해의 의미가 무엇인지를 물어야 한다.

데이트 관계에서 물리적·언어적 폭력과 성적 폭력은 분리되지 않을 뿐 아니라 동의, 합의, 거래, 보살핌의 경계에서 복잡한 양상을 띨 수밖에 없다. 한 시간 전까지 그토록 다정하고 사랑해주었던 남자 친구가 약간의 힘을 사용하여 성관계를 유도하거나, 지칠 때까지 조르다가 토라져 어쩔 수 없이 성관계에 응해야 하거나, 혹은 배려 있는 섹스를 나눴으나 뒤돌아서면 다소 거친 언행으로 훈계하고 비난을 일삼는다면, 누가, 어떻게, 집착과 관심을, 사랑과 폭력을, 친밀함과 강간을 구분할 수 있을까. 피해의 언어에서 사랑, 폭력, 친밀함, 강간, 연민, 보살핌은 통합되어 있다. 성폭력 피해는 사건 당시의 그 순간 때문에 고통스러운 것이기도 하지만, 많은 부분은 피해자와 가해자의 역사적 경험이나 관계, 또는 피해자와 가해자를 둘러싼 공간과 주변인들의 관계, 현재의 조건들에 따라 사후적으로 재해석되기도 한다. 따라서 성폭력이라고 문제 제기하는 순간은 피해 직후가 아니라 상황과 맥락 속에서 끊임없이 재구성되고 재의미화되는 과정 중 일부라는 점을 기억할 필요가 있다. 그렇기에 데이트 성/폭력 피해의 의미는 단순히 동의를 했는가, 폭력이 있었는가 등의 기준만으로 판단하기 어려우며, 몸의 경험과 정서적 관계 속에서 경계를 오간다.

성적 관계에서 동의의 문제: 반쯤 얻어진 동의를 동의로 생각한다면, 왜 반쯤 거절된 것은 강간이라고 생각하지 않는가

데이트 폭력과 데이트 성폭력은 현실에서는 통합되어 있지만, 법의 언어에서 전혀 다른 방식으로 해결된다. 물리적 폭력이 있는 경우 폭행에 관한 법으로 처리 과정을 거치지만, 성적인 문제가 포함되면 상황은 달라진다. 현재 법적 의미의 성폭력이 성립되기 위해서는 피해자에게 폭행과 협박이 있거나, 항거가 현저하게 곤란한 상태에 이르러야 한다. 주지하다시피 데이트 관계에서의 성폭력은 지속적으로 조르거나 삐치거나 설득하는 형태를 포함하기 때문에 위의 조건을 성립하는 경우가 매우 드물다. 따라서 만약 법에 호소하고자 한다면, 피해자들은 얼마나 항거가 불가능했는지를 강조하면서 자신의 행위를 피해자화해야 하고, 주체성은 상실되며, 법의 조각들에 '맞춰지는' 결과를 낳게 되기도 한다. 당시 피해자들이 느꼈을 다양하고 연속적인 맥락이 배제되는 것은 당연하다. 문제는 폭행, 협박을 중시하는 현재 강간죄의 보호법익이 성적 자기 결정권이라는 것에 있다.[10]

---

10 보호법익이란 해당 법이 보호하고자 하는 가치를 의미하는데, 성폭력 관련 법의 경우 보호법익은 성적 자기 결정권이다. 이것은 성적인 문제에 있어서 개인의 권리와 주체성을 인정하는 의미지만, 친밀한 관계에서 발생하는 성폭력의 경우 동의와 동의 아님의 경계를 구분하기 힘들기 때

성적 자기 결정권은 평등한 위치에 있는 개인들이 자신의 성적 행위를 결정할 수 있는 권리(라고 믿어지는 어떤 것)이다. 이 권리를 침해했는가, 하지 않았는가의 결정은 '동의했는가'의 문제로 귀결된다. 그렇다면, 친밀한 이성애 관계에서 성적인 접촉과 관계는 주로 누가 동의를 묻고, 누가 동의를 허락하거나 거절하는지 생각해보자. 여성학자 캐서린 맥키넌의 말처럼, 여전히 많은 경우에 '동의'는 남성이 제안하고 여성이 가부를 결정하는데, 이는 사실상 성적 관계에 대한 일종의 통제 형태다.[11] 즉, 성적 관계에서 동의의 맥락은 상호간 의사소통을 한 후 내리는 선택이라기보다 여성의 근본적인 사회적 무력함을 미리 전제한다는 것이다. 맥키넌은 반쯤 얻어진 동의를 동의로 생각한다면, 왜 반쯤 거절된 것은 강간이라고 생각하지 않는지에 대해 되묻는다. 남성성의 유지를 목적으로 하는 성별 권력 관계가 존재하는 한 '동의'는 사실상 평등한 관계에서의 선택이라기보다 권력이 전제된 관계에서의 수동적인 결정일 수밖에 없다. 특히 데이트 관계에서는 동의와 거부의 이분법적 논리로는 설명될 수 없는 연속적인 맥락이 존재하며, 동의, 제안, 강요의 형태는 동시에 출현한다. 그렇기 때문에 데이트 관계에 있는 여성에게 성적 자기 결정권은 협상 중이거나, 위태롭게 유지되거나, 쉽게 무시되거나, 비자발적으로 강제되는 형태를 띠게 되는 것이다.

여성학자 폴린 바트는 이성애적 성을 첫째, 동의적 성(남성과 여성이 똑같이 원하는 경우), 둘째, 이타적 성(여성이 안 된다고 말하는 것에 대

문에 피해자의 호소가 반영되기 어려운 부분들이 있다.

11 Mackinnon, Catharine A., "Rape: on coercion and consent" in *Toward a Feminist of the State*, Harvard University Press, 1989.

해 남성에게 미안하게 느끼거나 죄스럽게 느끼기 때문에 하는 경우), 셋째, 순응적 성(안 함으로써 오는 결과가 함으로써 오는 결과보다 나빠서 하는 경우), 넷째, 강간으로 나아가는 연속선으로 개념화할 것을 제시한다. 여성 폭력 연구의 선구자인 리즈 켈리는 이에 덧붙여 여러 명의 여성들을 인터뷰한 결과 이타적 성, 순응적 성은 성관계를 갖도록 압력받는 것과 비슷하고 강제적 성은 '강간 같았다'라는 느낌과 비슷하다고 표현된다고 보고했다.[12] 동의적 성과 강간 사이에는 분명한 구분이 없고, 압력, 위협, 강제, 힘의 연속선이 존재한다는 것이다. 이것은 현재 친밀한 관계에서 성폭력과 성관계의 결을 구분하기 곤란한 이유를 설명해준다. 따라서 성적 자기 결정권, 그리고 그것이 내포하는 동의의 문제는 친밀한 관계에서 성폭력이 구성되는 맥락, 피해를 말할 수 없는 구조에 대해서는 읽어내지 못한다. 오히려 저항하지 않았고, 폭행이나 협박이 없었음을 증거 삼아 일부 가해자들에게 자신의 성적 행위를 정당화할 수 있는 기제로 합리화되기도 한다. 이렇게 본다면 성적 자기 결정권은 실제로 존재할 수 있거나 존재하는 무엇이 아니라, 임시방편적 전략이나 하나의 담론에 불과할 수도 있다.[13] 문제는 동의와 거절을 넘어 '자율성'이

---

12 Pauline B. Bart and P. O'Brien(1985), "Stopping Rape Successful Survival Strategies", Pergamon Press; Kelly, L(1987), "It's everywhere : Sexual violence as a Continum", Hanmer and Maynard eds., Women, Violence and Social Control, London: Macmillan. (심영희, 「성폭력의 실태와 법적 통제: 성폭력의 연속선 개념에 입각하여」, 《한국여성학》 제5권, 1989에서 재인용.)

13 한국성폭력상담소 이미경 소장의 말대로 진정한 의미의 성적 자기 결정권을 주장하기 위해서는 피해자와 가해자의 지위, 역할, 장애 여부, 성적 지향, 나이 등의 조건으로 인해 이미 피해자가 불평등한 조건에 있음을 인식해야 한다. 그것을 내세워 '자율성'의 의미를 재구성할 것을 전제해야 한다는 것이다.(이미경, 「우월적 지위를 이용한 성폭력의 특성과 피해자 권리」, 《우월적 지위를 이용한 성범죄 근절 정책 심포지엄 자료집》, 2015)

라는 것이 모든 인간에게 주어져 있다는 환상을 넘어서 누구에게, 어떤 상황에서, 어떠한 자율성이 발휘되거나 발휘될 수 없는가, 우리 사회는 누구의 경험을 우선시하고 있는가에 대한 근원적인 질문을 되물어야 할 필요가 있다.

그럼에도, 방법은 있다: 나의 젠더 경험을 낯설게 보기

개인의 경험은 언제나 불연속적인 상황에서 출몰하고, 연속적인 흐름으로 겪어진다. "우리는 경험을 가진 개인들이 아니라 경험을 통해 '구성된 주체들'이다."[14] 그럼에도 기존의 거대 담론은 여성의 경험보다는 남성의 경험을 더 우선시해오면서, '비주류'의 경험이 어떻게 구성되는지에 대한 관심이 적었다. 지금 필요한 것은 친밀한 관계에서의 의사소통이 남성성을 유지·강화하는 방식으로 구성되었을 수도 있음을 인식하고, 나의 젠더 경험을 한 발자국 낯설게 볼 수 있는 성찰적 감수성이다. 의사소통 방법의 시작이라고 부를 수 있는 이 성찰적 감수성은 '잘' 하면 되는 것이 아니라, 부지런히 배우고 익히고 노력해야 하는 것이다. 침묵은 동의가 아니라 거절이라는 것, 술이나 약물에 취한 여성은 동의를 하기 어렵다는 것, 흥분제를 먹고 흥분한 여자는 당신과의 섹스에 동의한 것이 아니라는 것은 상식이 되어야 한다.[15] 또한 동의와 거절의 경계에, 또 그 경계 너머에 미처 언어화되지 못한 더 많은 표현들이

---

14 Joan, W. Scott(1991), "Experience", Critical Inquiry, Vol. 17, No. 4, pp. 779-780.
15 닥터 W, 「한국의 강간 문화에 대하여: 섹스 아닌 강간입니다」, 《#그건_강간입니다: 술과 약물을 이용한 성폭력 방지 캠페인 최종 발표회 자료집》, 한국성폭력상담소, 2016.

존재한다는 사실도 기억해야 할 것이다.

성찰적 감수성을 배울 수 있는 가장 의미있는 지침서는 바로 페미니즘이다. 페미니즘은 젠더화된 폭력, 구조적으로 자행되는 사적이면서도 공적인 폭력에 대해 저항할 수 있는 언어를 부여하고, 설명될 수 없었던 경험을 설명해주는 이론이자 실천이다. 이것은 남성 사회 속에 살아남아야만 했던 남성들의 자기 분열과 자기 스스로를 혐오해야만 했던 여성의 자기 혐오의 틈새를 좁힐 수 있는 시작이다. 동시에 이 모든 것은 생물학적 여성과 남성의 문제가 아니라 젠더화된 질서 속에서 발현되는 폭력적인 기호들일 뿐임을 기억할 필요가 있다. 이제 잠재적 가해자로서가 아니라 남성성의 수행을 거부하는 여성주의 운동의 동지로서 '남성'들을 만나고 싶다. 나의 경험을 낯설게 함으로써 기존의 안일한 관계를 박차고 나올 때, 뜨거운 연대와 지지가 당신들을 기다릴 것이다.

남성 진보 논객과 담론 헤게모니
—'청년 진보 논객' 데이트 폭력 폭로에 부쳐

이 글은 〈여/성이론〉 33호에 게재된 글을 바탕으로 한 것입니다.

김홍미리

젠더 폭력이 왜 '여성' 문제로 불리는지를 고민하는 페미니스트. 여성운동을 더 잘하고 싶어서 여성학 공부를 시작했고, 공부한 걸 현장에서 더 잘 실천하고 싶어 한국여성의전화 활동가가 됐다. 더 공부하고 싶어서 다시 공부를 시작했고, 결국 연구와 실천은 한 묶음이라는 당연한 결론에 도달하면서 여성주의 연구 활동가로 살아가는 중이다.

2015년 6월 '청년 진보 논객'으로 불려온 남성의 전 여자 친구가 과거 연애 시절 데이트 폭력을 SNS를 통해 폭로했다. 며칠 뒤 첫 번째 폭로에 용기를 얻어 폭로한다는 두 번째 증언이 이어졌다. 그들은 이 같은 일이 운동 사회 내에서 다시 발생하지 않기를 바란다는 의사를 밝혔다. 그 후 세 번째 폭로가 이어졌다. '청년 논객'은 아니지만 영향력 있는 노동운동가이기에 이를 둘러싼 세간의 관심이 컸다. 일련의 폭로 과정에서 피해자 지인들의 증언이 이어졌고, 가해자 지인 중에서도 가해자의 성찰을 돕겠다는 이가 나오기도 했다. 세간의 관심 집중에다 언론 보도까지 나오면서 '잠시' 소란스러웠지만, 이후 이 일은 이상하게도 빠르게 잊혀졌다. 피해자의 글과 피해자를 지지하는 글들이 빠르게 삭제됐다. '아버지의 법'이 자신을 배신하지 않을 거라는 굳건한 믿음 속에서 이들에 대한 가해자의 법적 대응이 시작됐다. 피해 여성은 자신을 지지하고 응원했던 이들이 하나둘씩 사라지는 것에 대한 두려움과 자신의 폭로로 인해 무탈하던 그들이 유·무형의 피해를 입고 있다는 부채감에 시달려야 했다. 피해의 언어를 승인해주지 않는 세계에서 법은 피해자를 더 궁지로 몰았고, 가해자들의 무기가 되어 피해자가 용기 내 꺼낸 저항의 말들을 응징하는 중이다. 다시 침묵의 시간이다. 폭로 직후의 소란스러움은 불과 몇 달 사이에 썰물처럼 사라졌다. 그런 일이 있었던가 싶게 그때를 아련하게 만들었다. 그리고 고요해진 세상은 나에게 시끄러움이 사라진 경로와 연유를 물어 왔다. 그 소란스러움은 무엇이었고 그것은 어디로 가서 누구에게 무엇이 되었을까.

이 글은 날로 커져만 가는 피해자들의 피해를 줄여가기 위해서 내가 할 수 있는 일은 찾아 해보려는 노력이다. 이 노력은 늘 과정 중에 있고, 때문에 미래의 어느 시점에서 본다면 시행착오일 수도 있겠다. 글쓴이의 이런 모자람을 토닥이고 함께 채워갈 동지들이 많아지기를 고대한다.

'고로, 페미니즘에 위탁한다'

피해자들의 폭로글을 포함해서 데이트 폭력 관련 기록들은 빠르게 삭제됐다. 사건을 입에 올리는 사람들이 황급히 줄어들었고, 정치적 사안에 민감했던 논객들도 애초부터 이 일에는 무관하다는 듯이 발언을 삼가고 글을 멈췄다. 어떤 이야기를 하든지 간에 이런 사안에 대해서는 페미니스트들(만)이 말할 수 있는 것으로, 분위기는 또 그렇게 묘하게 흘러갔다. 이런 분위기가 낯설지는 않다. 진보 진영에서 젠더 폭력 사건이 터질 때마다 이들은 페미니스트들의 입(만)을 바라봤고 이것은 종종 페미니즘에게 신뢰를 실어주는 듯한 형태를 취하곤 했다. 데이트 폭력 폭로 이슈를 비교적 발 빠르게 다루었던 〈한겨레21〉도 '여성' 기자에게 관련 기사를 일임했음을 해당 호 서두에 밝혔다.[1] 현장 전문가 인터뷰[2] 하나로 6월의 소란을 갈음한 〈오마이뉴스〉나 관련 칼럼[3]과 간단한 사건 보도로 대신한 〈경향신문〉에 비한다면 한겨레는 그나마 진보 매체 중 데이트 폭력 문제를 비중 있게 다룬 편에 속한다. 비중 있게 다루되 모험하지 않는 한 방법으로 관련 기사를 '여기자'에게 일임하기로 했단다. 해당 호에 실리는 편집장의 글 「만리재에서」마저도 '여성 기자'에게 맡기고 싶었지만 그럴 수 없었다는 고백도 남겼다. "나는, 어쨌든, 남자인 것"이기 때문이라고 했다. 어렵게 그 글을 써내려간 〈한겨레21〉 편집장 안수찬은 "남자가 모르는 그 세상에서 끔찍했던 개별의 경험을 투사"하는 여기자들의 분노를 보면서 자신도 과거에 그랬을 수 있다는 것을 염두에 두며, 글의 마지막에 "나는 좋은 사람인가?"를 물었다. 그런 그의 글은 가볍지 않고 조심스러우며 성찰적이다. 그 피해가 사실인지(사실 검증), 꼭 그런 방식이었어야 했는지(절차적 합리성), 그렇게까지 해야 하는지(징벌에 대한 정당성)를 두고 피해자에게 질문을 쏟아내는 사람들이 넘쳐나는 곳에서 피해자가 아닌 자신에게 "나는 좋은 사람인가"를 질문하는 것은 쉬운 일이 아니다. 피해자를 향했던 질문의 방향을 자신에게로 바꾸고 스스로를 돌아보는 편집장을 평하는 일은 그래서 쉽지 않다. 적어도 그는 피해자에게만 묻고 피해자만을 다그쳐온 방식이 무언가 잘못되었다는 것을 안다. 이 세 가지 질문이 피해자 비난과 가해자

---

1 「[만리재에서] 잘 써야 한다」, 〈한겨레21〉 제1068호, 2015. 6. 29.
2 유성호, 「진보 논객 데이트 폭력 왜 이제야 터뜨렸나고?」, 〈오마이뉴스〉, 2015. 6. 28.
3 박인하, 「[별별시선] '7층'에 선 여성들」, 〈경향신문〉, 2015. 6. 28.

의 자기 정당화 서사 구축에 기여해왔음을 발견했던 것 같다.

하지만 이런 식의 '판단중지' 유형의 성찰만 십수 년째 봐야 하는 입장에 있다 보면 중지는 그쯤하고 '판단'할 때가 되지 않았느냐는, 너무 '중지'만 하는 것 아니느냐는 질문을 하고 싶어진다. 페미니즘을 신뢰하다 못해 페미니즘에(만) 의지하는 이런 오래 묵은 관행이 결국 젠더 폭력을 오롯이 페미니즘만의 책임으로 가두고 결과적으로 '여자들만의 문제'처럼 판을 키워왔다는 '판단'을 해주었으면 싶다. 이런 방식은 페미니즘에 대한 신뢰가 아니라 시급한 사회문제에 대한 책임 방기라는 것도 직시했으면 한다. '나는 어쨌든 남자'이기에 페미니즘에 위탁한다는 태도는 정치 사회적인 이슈마다 목소리를 높여온 논객들이 유독 젠더 폭력 이슈에 입을 닫는 일을 정당화해주는 기제가 되어왔고, '여성 폭력 나빠요'라는 선언적 수준에서의 합의 이상을 기대할 수 없게 만들었다. '나와 너'의 문제가 아니라 '너희들'의 문제로 타자화한 결과는 페미니즘을 타자화하고 물신화하는 결과로 이어져왔으며, 급기야는 '(이상한/외골수/파쇼/현재의)페미니즘이 문제인 것'으로 귀결되어왔음을 기억해야 한다. '그런' 페미니즘 안에 '나'는 없으니, 그리고 '나'는 앞으로도 계속 무관할 예정이니 '너희'들끼리 해결하는 것이 좋겠다는 의지 표명은 이번 '청년 진보 논객'의 데이트 폭력 앞에서도 부끄러움 없이 흔하게 일어났다.

참다못한 젠더 연구자들이 이제는 대놓고 '남자들은 왜 나서지 않는가'[4]라고 물으며 나설 것을 요청했지만 그것을 들어야 할 이들은 듣

---

4 「왜 그들은 말할 수밖에 없었나」, 〈한겨레21〉 제1068호, 2015. 6. 30.

지 않거나 침묵했다. 페미니즘을 적대가 아니라 설렘과 기대로 만나는 논객들도 있을 거라는 순진한 생각을 (또) 한 번 품어보기로 했다. 가해자로 지목된 이의 지인이자 청년 논객이기도 한 김민하(필명 '이상한 모자')의 글[5]을 보며 이 글을 써볼 용기를 냈다는 걸 이 참에 고백한다. "가해자의 곁에서 '그가 더 나은 사람이 될 수 있도록 조력할 것'"이라는 그의 메시지는 페미니스트들이 그토록 고파했던 연대의 손짓이었다.

오래된 판단중지, 젠더에 한해서 사유를 멈추는 남성 연대

소란했던 2015년 6월을 기억해내면서 지금의 고요함을 이해하기 위해서는 페미니즘에 위탁한다는 식의 해묵은 판단중지와 젠더에 한해 '진보하기'를 저어하는 진보 남성들, 그리고 이들이 만들어내는 '침묵의 하모니'에 주목해야 한다. 우선 남성들의 판단중지가 너무 오래 지속되고 있는 것은 그런 '버티기'에 대한 별도의 설명을 필요로 한다. 더군다나 '집단적인' 판단중지는 (판단중지가 아니라) 데이트 폭력에 개입하기 않겠다는 '집합적 판단'으로 이해되었고 그것은 6월의 소란스러움을 가라앉히는 일에 적잖이 기여했다. 반(反)페미니즘의 정서 속에서 (남성) 논객들의 집단적 판단중지는 자기 성찰을 독려하는 시간으로 구성되기보다는 '잘못된' 페미니즘에 대한 침묵시위의 기능을 수행했다.

데이트 폭력에 대한 남성 논객의 글이 전혀 없었던 것은 아니다.

---

5 이상한 모자, 「한○○의 여성을 대상으로 한 폭력과 주변 반응에 대하여」, 2015. 6. 21.(http://weirdhat.net/blog/?p=545)

폭로 직후 피해자 책임을 지적하는 글이 올라오자 '현실을 전혀 모르는 무지의 소산'이라고 일침한 금태섭[6], 스웨덴 출신 만화가 오사 게렌발의 만화《7층》을 소개하며 아직 우리나라에는 많은 여성들이 7층에서 있다고 호소한 박인하[7], 좌파의 지적인 것과 인격적인 것의 부조화를 문제 삼으면서 가해자 중 한 명의 "자기 파탄적 해명글"을 예시한 김규항[8] 등은 각자의 방식으로 이번 폭로전에 개입했다. 금태섭은 누구보다 빨리 피해자 비난을 멈추는 일에 힘을 보탰고 박인하는 한국 사회에

6 금태섭은 헤어진 지 3년 만에 데이트 폭력을 공론화한 피해자를 두고 당시에 아무런 조치도 취하지 않았다며 힐난하는 "데이트 폭력 피해자에 대한 어떤 훈계들"을 보고 글을 쓴다고 서두를 열었다. 그는 변호사 일을 하면서 그가 만났던 여성 폭력 피해자들의 현실을 설명하고, 번지수 잘못 찾은 이들의 훈계에 반박한다. 당연한 말이지만 "우리 사회에서 여성이 피해당한 사실을 밝히기 어려운 사정이 많다는 점"을 고려해야 하고 "같은 처지에 있어보지 않고서 함부로 얘기해서는 안 된다"라고, 그리고 "투사가 아니라고 피해자를 비난해서는 안 된다"라고 꾸짖는다. 여전히 이런 글을 써야 하는 현실이 슬프다는 고백으로 마무리되는 그의 글은 비난 폭우를 맞던 피해자들에게 큰 위로가 되었을 것이 분명하다.(금태섭, 「데이트 폭력 피해자에 대한 훈계, 그 무지에 대하여」,《슬로우뉴스》, 2015. 6. 23.)

7 《7층》(강희진 옮김, 우리나비, 2014)은 오사 게렌발이 자신의 경험을 토대로 데이트 폭력을 고발한 만화다.《7층》을 읽다 보면 사랑하는 사람이 바라는 모습의 여자가 되기 위한 그녀의 노력들이 어떻게 폭력 관계의 구축과 연루되는지 어렵지 않게 알아챌 수 있다. 박인하는 이 책을 인용하면서 "가부장적 편견이 유독 강한 우리나라는 특히 7층에 서 있는 여성들이 많다. 7층에 서 있는 그들에게 다가가 손을 내미는 건 우리의 몫"이라고 마무리한다. 그의 말대로 우리가 하고 있는 일이 "'왜 맞으면서까지 상대방을 만날까'라는 의문"을 품는 일이 아니라 내민 손을 잡아주는 일이면 좋겠다.(박인하, 앞의 글)

8 김규항은 사회주의 패망 이후 1980년대 한국의 좌파가 선택한 유일한 탈출구가 "포스트모던 바람"이었다고 진단하면서 "근대도 경험하지 못한 사회에서 탈근대 언어의 유행을 만들어냈다"라고 비꼰다. 덕분에 한국에는 "지적인 것과 인격적인 것의 부조화 현상"이 나타나기 시작했으며, 그런 부조화가 만들어낸 젊은 좌파 비평가들의 공통된 인상(그의 표현대로라면 "똑똑해 보이긴 하는데 존경심은 들지 않는")이 그와 관련되어 있다고 기술한다. 그는 또한 이것이 젊은 좌파 비평가에 의한 데이트 폭력의 직접적인 원인은 아니라 하더라도 데이트 폭력 가해자 중 한 사람의 "자기 파탄적 해명 글"을 보면 그런 관련성을 유추할 수 있다고 적는다. 결국 이 글은 데이트 폭력을 또다시 개인의 인성 문제로 소급하는 경로를 크게 벗어나지 않는다.(김규항, 「[김규항의 혁명은 안단테로] 포스트모던에의 질문」,《경향신문》, 2015. 6. 22.)

서 데이트 폭력이 그다지 특별한 일이 아니라는 메시지를 전하고자 했다. 김규항은 아쉬운 대로 가해자의 잘못된 대응 방식을 문제 삼은 유일한 논객이었다. 이런 칼럼은 남성들이 데이트 폭력 사건 앞에서 움직일 수 있는 구체적인 방식을 보여준다는 점에서 중요한 자료들이다. 하지만 그런 유의미성과 별도로 이 칼럼의 필자들이 더 날 서 있고 더 성찰적인 글을 써도 되지 않았을까 하는 아쉬움이 남는 건 어쩔 수가 없다. 가해자의 지인으로써 이번 데이트 폭력과 연루된 김민하가 스스로의 책임을 인지하기로 '결정'한 것처럼 데이트 폭력 일반론을 이제는 좀 넘어서서 폭력과 연루된 자신의 위치를 돌아보는 다른 식의 질문은 불가능하냐는 거다. 설명문이 아니라, 쟁점을 다루고 논쟁을 촉발하며 지형을 넓히는 미래를 품은 글은 기대할 수 없느냐는 거다. 이 칼럼들은 논쟁이 끝난 이야기를 한 번쯤 환기하는 일에 만족하면서 정작 진전시켰어야 할 논의는 중도에 포기했다. 말하자면 그것은 폭로 초기에 으레 있는 당위적인 말들의 배치였고 논객들이 챙긴 일종의 '예의'였다.

'남성'으로 살아온 자신의 역사를 돌아보며 이 문제에 대해서는 판단을 중지하겠다는 이들과, 더 이상의 질문 없이 안전한 범주를 고수하며 맴도는 말들을 끌어내지 않겠다는 논객들은 이후 데이트 폭력 폭로를 둘러싼 침묵의 연대에 합류한다. 애초에 이 일에 관심이 없었거나, 추후에 관심을 거둔 이들 모두 데이트 폭력 폭로 이후의 상황이 어떻게 달라지는지에 대해 촉각을 세우고 있는 이들은 없었다. 그게 아니라면 이렇게 굳건한 침묵이 꾸준히 유지될 수는 없다. 개입을 꺼리는 정서가 이들에게 깊이 공유되지 않는 이상 말이다. 그들 중 누군가는 공식/비공식적으로 폭로 이후 가해자들의 근황과 사건의 변화되는 추이를 듣곤 하겠지만,

이것을 공적 논의의 장으로 들고 오는 이는 없었다. 침묵이 위력을 발휘하는 때는 바로 이런 때다. 그들이 침묵으로 만들어낸 것은 데이트 폭력이라는 문제의 삭제다. 침묵의 연대는 '호기로워' 보이던 피해자들이—그들은 '호기롭지' 않았다. 그들은 망설였고 갈등했으며 두려워했다—가해자들의 명예훼손 운운 그 한마디에 몸을 웅크리고, 행여 지인들에게 피해가 갈까 우려하며 다시 자기 비난의 활시위를 당기는 일에 기여했다. 그리고 이 모든 일의 해결, 책임, 뒷감당(?)은 페미니스트들에게 위탁됐다.

침묵의 연대를 '납득하기' 위해서는 젠더화된 '연애'를 과소평가 하(려)는 진보 남성들의 공통된 이해관계에 대한 탐색이 필요하다. 이들의 이해관계는 여성에 대한 폭력을 국민 윤리나 개인 도덕쯤으로 여기거나 성적 지배를 남녀 성비 불균형의 폐해⁹ 정도로 이해하려는 '남성' 논객들의 고의적인 지식 노동 해이와도 연결된다. 정치·경제·사회 영역을 아우르며 한국 사회를 날카롭게 비판하는 일이 업인 이들이 유독 젠더 폭

---

9 청년 진보 논객으로 분류되는 한윤형의 논의이다. 그는 한국 사회에 일어나는 남성들의 여성에 대한 분노를 ①남녀 성비 불균형(그로 인해 연애를 못하는 남자들의 분노), ②징병제, ③예쁜 여성이 쉽게 돈을 버는 세대에 대한 분노, ④출산 파업과 결혼 상대 따지기에 대한 분노로 정돈한다. 하지만 이는 남성들이 분노하는 이유를 설명하고 있을 뿐, 왜 그 분노가 여성에게 향하는지를 설명하지 않는다. 그의 논의를 되짚어보면 한계는 분명해진다. 그는 더 숙고했어야 한다. ①남녀의 성비 불균형은 '여성' 혐오의 결과지 그 원인이 아니다. ②징병제로 인한 남성들의 상실감과 분노는 그의 설명대로 '여자들도 더 힘들다'라거나 모병제가 현실적인 대안인가를 말하면서 설득할 것이 아니라 분단의 현실이 만들어내는 성별적 구조를 들여다봐야 했다. ③예쁜 여성이 쉽게 돈을 버는 상황을 설명하려면, 그 돈을 누가/왜/기꺼이 '예쁜 여성'에게 지불하는가를 필연적으로 분석했어야 하며, ④돈이 없는 남자들이 결혼하지 못하는 상황을 분석하는 일에 왜 '이기적인 여자들'이 매번 등장하는지 분석했어야 한다. 요컨대 그는 현상(남성들의 분노)을 나열하는 것이 아니라 왜 남성들이 그들의 분노를 '여성에게' 향하는지를 질문했어야 한다. 결국 그는 여성 혐오를 설명하려 했지만 그 무엇도 설명해내지 못했다.(한윤형, 「왜 한국 남성은 한국 여성들에게 분노하는가—여성혐오, 한국 사회가 가지고 있는 어떤 특수성」, 《문화과학》, 2013년 겨울호(통권 제76호))

력에 대해서는 깊게 생각하기를 멈추는 것은 그들이 처한 '남성'이라는 지위와 관련되어 있다. 마르크스주의 철학자 이종영의 연구[10]는 그 연유를 추측하는 데 도움이 된다. 그는 관념적으로 여성해방을 내세우다가도 여성해방이 실제로 실현되려고 할 때, 그들 자신의 (성적 지배의) 무의식과 만나는 남성 주체에 대해 논한 바 있다. 남성이 유일한 주체인 세계에서 여성이 주체가 되고자 할 때, 남성들은 주체의 지위 상실에 대한 공포와 마주하며 자신의 성적 지배를 유지하기 위한 연대를 구축한다. 그들이 구축한 성적 독점의 질서를 '자연적인 것'처럼 받아들여온 남성들은 '소유가 아닌 방식으로' 여성을 만나는 법을 알지 못한다. 때문에 아무리 성 해방에 동의하는 볼셰비키라 하더라도 성적 지배 체제를 거부하는 '여성'과의 연대는, 주체가 되고자 하는 여성에 대한 존중은, 성적 독점 질서에 대한 자신의 무의식과 직면하지 않는다면 불가능한 것들이다.

알다시피 이런 논의들은 오래됐고 식상하며 지겹고 권태롭다. 마르크스주의와 페미니즘의 불행한 결혼 생활은 권태기에 빠진 지 이미 오래다. 그리고 그런 권태기를 거치면서 페미니즘과는 연대를 꿈꿀 수 없게끔 '이상한' 페미니즘 담론을 만드는 일에 힘써온 '진보 남성'들의 활약은 '진보판 남성 연대'라 할 만하다. 러시아혁명 후 신설된 여성부를 '여편네센터', '여편네위원회'라고 부르며 조롱하던 (남성) 볼셰비키가 가졌던 두려움만큼이나 페미니스트 인식론과 '진보'의 만남이 두려웠는지도 모르겠다. '우리'가 '너희'에게 젠더 폭력 문제를 '위탁한다'라는 구도를 고수하는 일이 진보와 페미니즘의 변증법적이고 '역동적인'

---

10 이종영, 《성적 지배와 그 양식들》, 새물결, 2004.

만남을 어렵게 한다는 것을 모르지 않음에도 불구하고, 그러한 구도를 고수해온 데에는 '남성적' 진보의 헤게모니를 결코 놓을 수 없는 그들의 의지(혹은 두려움이나 무지)를 반영한다. 이러한 위탁 구도는 첫째, 진보와 페미니즘을 통약 불가능하게 분리하며, 둘째, 페미니즘에 대한 '남성적' 진보의 승인을 요한다는 점("페미니즘! 너 잘할 수 있지? 믿고 맡길게!")에서 상하 위계적인 젠더 질서에 부합할 뿐 아니라, 셋째, '이상한' 페미니즘의 공격을 방어하면서 그 '이상한' 페미니즘을 비난할 수 있는 권위를 '남성적' 진보에 부여하는 세계를 구축해간다.

만약 페미니즘을 향한 원망과 불신, 그리고 두려움의 시선을 내려놓고 '청년/진보/논객'의 데이트 폭력 폭로와 대면했다면, 그들이 할 수 있는 일은 매우 많았다. 두드릴 수 있는 문은 많았고 그 문을 열어 만나게 될 변화를 고대하는 세계도 빼곡했다. '청년 진보 논객'의 성장을 지켜보면서 이들이 공론장에 참여할 수 있도록 길을 열어온 진보/논객들이야말로 데이트 폭력 폭로가 이루어지던 당시의 소란스러움을 숙고하고 개입했어야 하는 주요한 주체였다는 것을 알게 됐다. 이들은 '진정한' 페미니즘을 위해서 '이상해진' 페미니즘을 몰아내는 일에 집중할 것이 아니라 '청년/진보/논객'인 이들이 왜 이런 '연애'를 하는지, 이들에게 '자기에의 배려(epimeleia heautou)'는 어떻게 가능한지, 기괴한 입장문이나 가르침 말고 폭로 이후의 쟁점은 무엇이어야 하는지를 질문하고 고민했어야 한다. 먼산 불구경하듯 2세대 논객들의 데이트 폭력 폭로 건을 관망하는 것이 아니라 자신들이 이끌어온 '신규 논객 양성 과정'을 포함해서, 젠더를 초월하는 일이 그 영역에서는 어떻게 그리 쉬운가에 대해 심각하게 되짚어봐야 했다.

공론장의 젠더화

착잡하다. '청년 진보 논객'의 데이트 폭력 폭로 이후에 기대 이하의 응대를 고수하는 소위 진보 논객들을 돌아보면서도 착잡하고, 데이트 폭력에 대해 이야기를 하고 싶어도 말할 수 있는 곳이 없었다는 피해자들의 이야기[11]를 듣는 것도 편치 않다. 대체 이들이 말할 공간 하나 열어두지 못하고 그동안 어디서 무얼 했는가 싶어 마음이 어수선하다. '청년 진보 논객'의 '데이트 폭력' 폭로를 둘러싼 말과 글 들을 살피다 보니 '남성들'의 세계와 그 사이에 끼어 있는 '여성들'의 위치는 여전했고, 신문에서 말하는 '진보 논객'이 누구인지 쫓다 보니 그곳에 '여성'이 부재하다는 걸 새삼스레 깨닫는다.[12] '진보 논객'을 진보 논객이라 부를 수 있고 불릴 수 있는 이들이 누구인지를 찾다 보니 서로가 서로를 그렇게 불러주고 있다는 것도 알게 됐다. '서로'가 될 수 없는 촛불 소녀들이 진보 논객이 아니라 진보 논객의 '전 여친'이 되어 데이트 폭력 폭로자로

---

11 2015년 7월 23일 한국여성의전화에서 개최한 〈데이트 폭력을 말하다〉 집담회에는 진보 논객의 데이트 폭력을 SNS에 폭로한 세 명의 피해자가 객석에 함께했다. 당시 그들은 '왜 (하필) SNS에 폭로했는지'라는 질문을 무수히 받는다고 호소하면서, 그렇다면 "어디에 이야기를 할 수 있을까요?"라고 청중에게 되물었다.

12 논객의 사전적 의미는 "옳고 그름을 잘 논하는 사람. 또는 그런 일을 좋아하는 사람"이다. 이것은 젠더 중립적인 단어이지만 그 말의 쓰임은 성별적이다. 즉 '논객'에도 '성(gender)'이 있다. "인문 사회 담론의 전성기를 수놓은 진보 논객을 총정리"했다는 노정태의 《논객시대》(반비, 2014)에는 1990년대 후반부터 활동한 '태초 논객' 강준만과 그 외 8인의 진보 논객(진중권, 유시민, 박노자, 우석훈, 김규항, 김어준, 홍세화, 고종석)을 다루고 있는데, 읽다 보면 1990년대 중후반 한국 사회를 수놓은 성 정치와 급진적 페미니즘의 물결 속에 살아온 사람들의 이야기는 이 책이 말하는 '인문 사회 담론' 어디쯤에 있는지 궁금해진다. 여성학 연구자이자 평화학 연구자인 정희진은 한 인터뷰(「여성주의는 하나의 관점, 세계관, 인식론」, 〈채널예스〉, 2015. 8. 11.)에서 자신은 '논쟁'이나 '논객'이라는 말을 사용하지 않는다고 밝힌 바 있다. 논객이라 불리지도 않지만 논객이라는 말을 사용하지도 않는다는 그의 말은 '논객', '진보 논객', '청년 진보 논객'이라는 말을 전유하는 이들의 젠더를 상기시킨다.

우리 앞에 등장한 것이 잘 짜여진 회로의 안정적인 아웃풋으로 보이는 건 나만이 아닐 거다.

페미니스트 폭력 연구자들이 재차 말해왔듯이 폭력은 '악(惡)'이 아니다. 폭력은 악이 아니라 '구조'다. 연애와 사랑 등 아름다운 이름으로 회자되고 성역할이라는 이름으로 착취의 흔적을 지우려 하겠지만, 비대칭적인 젠더 구조에서 '남성'과 '여성'이라는 호명으로 만나는 이성연애가 착취적이지 않으려면 각고의 '의식적인' 노력이 필요하다. 의식적인 노력이 없는 '자연스러운' 연애는 성별화된 연애의 수행이기 쉽다. 때문에 데이트 폭력은 흔하디 흔하며 '청년/진보/논객'이라고 해서 예외이기 어렵다. 그들의 성장 경로도 예외 없이 젠더화되어 있다.[13] 이번 사건의 가해자 중 한 명을 지목해서 "그의 폭력이 교정되지 않을 것"이라는 고종석의 발언은 그래서 위험하고 틀렸다. 데이트 폭력 담론에서 폭력을 예외적인 악(惡)으로 규정하고 가해자를 '가해자'로 굳히는 일만큼 위험한 일은 없다.[14] 폭력을 구조로서 이해하고 구조 안에서 자신

---

13 엄기호는 신자유주의와 양극화에 따라 여성의 교환과 소유를 통해 보장되던 남성들 간에 가정된 형제애가 심각하게 훼손되고 그 결과 '남성'의 연대가 불가능한 것이 되었다고 진단한다. 그는 손상된 남성성을 회복하기 위해 온라인에서 남성들이 벌이는 고투에 주목하는데, 형제애의 공동체를 복구하기 위해서 끊임없이 반복하는 것이 '군 가산점'에 대한 요구와 '꼴페미'의 처단이기에 "노예가 없고 주인들만 있는" "폭력과 욕설이 난무하는" 온라인 공간을 그래서 "형제'애'의 공간"이라고 본다. 청년 진보 논객은 이러한 형제'애'의 공간에서 성장했다. 그들이 온라인을 장악하고 끊임없이 '전쟁(키보드 배틀, 줄여서 '키배')'을 수행하면서 형제'애'를 확인하고 정치적 인간이 되어가는 사이 '여성'은 기표로 그 안에서 소비됐다.(엄기호, 〈신자유주의 이후, 새로운 남성성의 가능성/불가능성〉, 《남성성과 젠더》, 자음과모음, 2011)

14 고종석은 트위터(현재는 계정 삭제됨)를 통해 가해자가 변화할 수 있게끔 곁에서 돕겠다는 김민하를 염두에 두고 "서른 넘은 사람의 폭력성이 교정되지는 않는다"라고 못박으며, 폭력성은 "그저 제어될 수 있을 뿐"인데 "사람들 대부분은 이미 다져진 폭력성을 단속적으로 발현한다"라고 진단하고야 만다. 2013년 인권운동가 성희롱 사건에서 피해자의 평소 태도를 문제 삼았던 그가 이번

이 예외가 아닐 수 있다는 사실에 접근할 수 있다면 가해자의 변화는 이미 시작된 것이다. 가해자의 성찰이 곧 구조의 변화이고 균열일 수 있는 건 이 때문이다.

가해자의 반성과 성찰은 그렇게 무리한 요구였을까. 과거처럼 조직 보위를 이유로 조직 내 젠더 폭력을 은폐하는 일은 줄어들었지만 가해자에 대한 적절한 징계 수위에 대해서는 피해자와 의견이 갈렸다. 대부분의 피해자는 '다른 여성에게 이런 일을 겪게 하고 싶지 않다'라는 큰 뜻으로 폭로를 결심하지만 그런 '큰 뜻'은 사건 해결 과정에서 지켜내기 어려웠다. 피해자가 바라마지않는 가해자의 진정한 사과와 반성도 가해자 '처벌의 적정 수위'를 정하는 일에 파묻혔고, 초 단위로 일어나는 피해의 의심과 축소, 피해자 비난의 버라이어티한 서사는 애초의 사건을 전혀 다른 사건으로 둔갑시키곤 했다.

돌이켜보건대, 가해자에게 변화를 바라는 일은 늘 '무리'였다. 가해자에게는 자신의 부족함이 무엇인지 알기 위한 시간과 조건들이 필요했지만 그것을 언제까지, 어떻게 (그리고 대체 왜) 기다려야 하는지는 피해자가 오롯이 감당해야 할 몫으로 남았다. 기다림의 시간이 길어질수록 늘어나는 불신과 비난의 말들 속에서 피해는 눈덩이처럼 불었고, 사건을 '적정선'에서 마무리하는 것이 더 이상의 피해를 막는 최선의 방책이 되곤 했다. 이것이 피해자 중심주의와 가해자의 성찰 독려가 상호 배타적인 것이 아님에도 불구하고, 심지어 이 둘은 상호 의존적임에도 불구하고 가해자의 '빠른 사과'가 피해를 '최소화'하는 일이 되어온 꼬여버린

에는 데이트 폭력 가해자를 가해자로 굳히는 일에 힘을 냈다.

경로다. 누군가는 이런 꼬여버린 회로를 '이상해진' 페미니즘 때문이라고 비판하지만, '이상해진-파쇼' 페미니즘[15]을 탓하며 가해자의 성찰을 방해한 이들의 심각한 무사유와 무책임은 드러난 적이 없다. 가해자들은 젠더 위계가 작동했다는 피해자의 주장을 기각하면서 스스로를 피해자로 위치 짓는 자기 정당화의 서사를 오랫동안 구사해왔다.[16] 가해자에

15 운동 사회 성폭력 문제가 대두될 때 '피해자 중심주의는 피해자 마음대로주의인가?'라는 질문이 섞이기 시작한 건 어제오늘의 일이 아니다. 피해자 중심주의는 제대로 그 의미에 대한 탐구를 시작하지도 못한 채 운동 사회에서 그렇게 욕먹고, 의심받고, 회의'당하는' 중이다. 여기에는 피해자 중심주의가 무엇인지에 대해 공동체 안팎에서 토의하지 않아온 누적된 시간이 자리한다. 이 시간은 그런 이야기 나눔을 시작하기 어렵게 하는 운동 사회 내 여성주의 담론의 빈약, 그 척박한 토대에서 '대화'를 청할 만큼 '유연하고 강건한 데다 친절하고 주체적인 의식화된', 요컨대 현실에 존재하기가 매우 희박한 페미니스트의 부재로 인해 길어졌을 것이다. 그러다 피해자 중심주의를 물신화해온 시간이 지나치게 길어져서 이것은 급기야 단단한 고형물이 되어버린 것만 같다. 하지만 이 문제는 '페미니즘이 이상해졌다'라는 진단이나 극단적인 전체주의(파시즘)으로 페미니즘을 호도하는 것을 통해서 해결되지 않는다. 피해자 중심주의가 어느 결에, 어느 틈에, 대체 왜, 어디로 미끄러져갔는지를 궁금해하지 않아도 되는 면죄부는 페미니즘에 대한 간편한 진단과 호도 속에서만 부여될 수 있는 것들이다. 어떤 조건에서 가해자의 '빠른 사과'가 '피해의 최소화'와 직결되는지에 대해 한 번쯤은 숙고해야 한다. 피해자 중심주의가 실현된 적 있다면 '빠른 사과'는 요구될 리 없기 때문이다. 가해자의 '빠른 사과'가 마치 사건 해결의 핵심인 것처럼, 피해자의 필수 요구사항이라거나 '피해자 중심주의'의 기본인 것처럼 오인된 이유는 시간이 갈수록 불어나는 피해(자)에 대한 불신과 비난의 말들 덕분이었다. 하지만 피해자는 언제나 '빠른 사과'가 아닌 '진정한 사과'를 원해왔다. 가해자의 성찰과 그에 기반한 사과, 그것을 통한 재발 방지가 실제로 피해자가 요구해온 것들이다. 가해자의 반성과 성찰의 시간이 피해자에게 응원과 독려의 시간이 될 수 있다면, 만약에 가해자와 피해자의 주변인들이 누구나에게 성찰적인 그런 '기다림의 시간'을 만들어낼 수 있었다면, 가해자의 '발빠른 사과'가 재촉될 이유는 없었다. 피해를 의심하고 피해자에게(만) 입증 책임을 묻는 습성이 잦아든다면 사건을 '적정선'에서 마무리하는 것이 더 이상의 피해를 막는 최선의 방책이 될 리 없다. 가해자에 대한 안타까움을 조금 더 적극적으로 덜어내고 가해자의 반성을 응원하고 독려했다면 피해자가 홀로 사과를 독촉할 연유도 없다. 이런 고민들을 나눌 자리가 곳곳에 있었더라면 '이상해진-파쇼 페미니즘' 등의 손쉬운 진단 역시 지양되었을 것이다.
16 김보화, 「성폭력 가해자의 '가해 행위' 구성 과정에 관한 연구」, 이화여자대학교 대학원 석사학위 논문, 2011.

게서 성찰의 기회를 빼앗고 자기 정당화의 서사를 완성한 것은 바로 '이상해진' 페미니즘 운운하는 주변인들의 동조다. 이들은 가해자의 성찰을 원하지 않는다. 가해자의 성찰은 젠더 구조의 균열과 맞닿아 있음을 알기 때문이다. 그것은 '편협한' 페미니즘에 굴복하는 일이고 '사소한' 일에 인생을 거는 일이자 심지어 '남자답지' 못한 일로 여겨지는 것 같다.

분명한 건, 지금 우리는 "여친과 나는 권력 관계에 있지 않았다"라는 데이트 폭력 가해자의 말 한마디가 일군의 무리를 침묵하게 하고 전 여자 친구의 데이트 폭력 폭로 전체를 의심하게 하는 사회에 산다는 사실이다. 피해자들이 그토록 받고 싶어 했던 '신뢰'는 피해자가 아닌 가해자에게로 향했다. 가해자의 말에 더 귀기울이는 정서는 피해자를 덜 믿고 더 의심하는 정서와 교차한다. 얼핏 피해자의 폭로는 피해자가 가진 강력한 무기인 것처럼 보이지만 그 무기는 '나 그런 적 없는데'라는 가해자의 한마디에 주저앉혀지는 무늬만 무기인 무기다.

이런 과정을 지켜보면서 페미니즘이 갖지 못한 담론 헤게모니가 무엇인지를 실감한다. 성, 사랑, 연애만큼 정치적인 것도 없다고 말해 온 페미니즘의 주된 주장은 여전히 수용될 기미가 없고, '개인의 연애 문제를 제삼자가 판단할 수 있을까'라는 질문은 친밀한 관계에서 일어나는 폭력 사건에서 사람들이 가장 집중하는 이슈이자, 가장 넘기 힘든 인식의 벽이다. 피해 사실을 존중하는 일은 사적인 '연애'와 '사랑'을 공적 논의 대상으로 삼을 수 있는가라는 질문 앞에서 제대로 고민된 적이 없었다. 가해자를 이해할 준비가 되어 있는 대중과 피해를 기각하는 일이 더 쉬운 대중의 지배적인 정서(affect)는 반페미니즘 정서와 함께 나날이 상승 중이다. '남성' 진보 논객은 데이트 폭력 폭로에 대한 언급 자제와 사유 중단이라는 지적 실천을 통해서 이런 정서의 수용과 확산을 독려한다. 이렇게 편안하게 그들은 성적 지배의 헤게모니를 지키기 위해 공론장을 젠더화한다.

연대는 가능한가

다시, 이 글을 쓰게 한 논객 김민하의 글로 돌아가 보자. 그의 글에 달린 댓글처럼 이 글은 '어디에도 없는 진짜 위로'가 되는 글이다.[17] 데이트 폭력 가해 논객의 지인으로서 그는, 친구를 버리지도 않고 단절하지도 않을 것이고, 다만 '그를 도울 것'이라고 적는다.[18] 이때 그가 친구에게 주겠다는 도움이란 '그가 훨씬 더 나은 사람이 될 수 있도록 조력할 것'을 의미한다. 이를 위해 그가 곁에 있는 이들에게 부탁하는 건 '피해 여성을 비난하거나 그의 폭력을 이해하려 드는 것'이 아니라 그가 무엇을 잘못했는지, 그가 앞으로 어떻게 살아야하는지를 깨닫게 하는데 함께해달라는 것이었다.

그의 글은 내가 하고자 하는 이야기의 많은 것들과 일치한다. 조금 더 호들갑 떨자면, 피해자가 원했던 모든 것이고 그동안 페미니즘이 말하고자 했던 것의 전부다. (남성)논객이 서 있어주길 바랐던 자리이고 가해자의 지인이 해주었으면 하는 역할이다. '파탄적 연애'로 괴로워했던 친구를 데이트 폭력 가해자로 호명하는 일은 분명 쉽지 않을 것

17 김민하의 글(이상한 모자, 앞의 글)에 hyokyung Lee가 "어디에도 없는 진짜 위로가 되는 글이다. 감사합니다."라는 댓글을 달았다.
18 이상한 모자, 앞의 글.

이라 예상한다. 파탄적 연애와 데이트 폭력은 관점에 따라 달라지는 호명의 차이이기 때문이다. 그가 숙고를 중도에 멈췄다면 '파탄적 연애'는 '데이트 폭력'이 될 수 없었을 것이다. 이 글은 가해자의 지인이자, 책임 있는 사유를 해야 할 논객이고, 젠더 질서의 우위에 있는 남성 젠더인 그가 자신의 교차적 위치를 아프게 돌아보며 생산된 글이다.

그만큼 나는 이 글이 다른 논객들에게 다가가 그들이 생산 중인 젠더화된 공론장을 되돌아볼 수 있게 하는 좌표로 읽히기를 기대한다. 침묵의 연대를 의식적·무의식적으로 강화해온 남성 논객들이 침묵의 연대라는 자신들의 적극적 실천을 '의식'해줄 것을 기대한다. 그리고 '그런/파쇼/이상한' 페미니즘이라는 부정적 재현을 멈추고 구조로서의 젠더 폭력과 대면할 수 있는 정서를 살려내는 일에 페미니즘과 연대해줄 것을 요청한다. 이 연대 요청은 절실하다. 구별 짓기된 페미니스트들의 힘만으로는 가해자의 성찰과 피해의 회복을 동시에 가능하게 할 수 있는 세계를 구현할 수 없다. 그리고 이때의 연대는 페미니스트임을 '공약'하는 것이 아니다.

'나는 페미니스트다'라는 선언에 동참해야 한다거나, 이런 선언에 아무런 질문 없이 이름을 연명하라는 이야기도 아니다. 질문 없는 연명은 오히려 연대가 아니라 침묵의 방향에 선다. 이 글을 통해 남성 논객들에게 바라는 절실한 연대는 '공약'이 아니라, 같은 방향에 서보려는 노력이다. 정연한 젠더 질서를 옹호할 리 없는 스스로의 위치를 되묻고 (진정 그것을 옹호하지 않는 걸까?), 그 위치에도 불구하고 젠더 질서를 흔드는 일과의 직면은 왜 어려운지, 그 과정에서 어떤 어려움을 겪는지에 대해 꾸준히 질문하는 일이다. 절실하게 요청하는 연대란 이런 질문하기의 시간을 통해서 또 다른 자신의 위치를 발견해보고 '공약' 따위로는 설명하기 어려운, 페미니즘과 같은 방향에 서보는 연습을 시작하는 것이다. 그것은 젠더로 구획된 세계를 보지 않기로 한 결정을 멈추는 일이고, '남자'로 호명받기 위해서 여성을 (보호하거나) 착취해야 했던 취약한 남성성을 '과거'로 만드는 일이다.

그리고 그 과정은 분명 페미니즘을 위한 것이 아니라 '모두'를 위한 것이라 믿는다. 이 과정은 오랜 문제 제기와 비판 속에서도 기죽지 않는 각종 대립항들―'남과 여', '남성 논객과 페미니스트', '가해자와 피해자'―의 구조를 흔들고, '논쟁'이 가능해지는 토대를 구축하는 과정이기도 하다. 논쟁이 가능해야 그다음으로의 이동이 가능하다. 때문에 공론장의 젠더 질서를 흔들고 논쟁이 가능한 토양을 만드는 일은 이런 케케묵은 대립 구도를 해체하기 위해 풀어야 할 첫 번째 과제다. 페미니즘에 '요구'하는 것이 아니라 페미니즘'과' 길을 찾는 일은 (그럴 수 있는 정서는) 그래서 더 갈급하다.

2015년 6월의 소란스러움은 지금 무엇이 되었을까. 그 소란스러움은 날뛰는 가해자와 다시 입을 닫은 피해자로, 페미니스트 외에는 모두 입을 닫는 침묵으로 이동했다. 그것은 보이지만, 보이지 않는다. 볼 수 있지만 (누구도) 보려 하지 않는다. 그것을 '보도록' 하는 일은 어떻게 가능할까. 이제 나/우리는 무엇을 할 것인가. 나와 당신이, 진보/남성/논객이 해야 할 일은 무엇인가. 이 질문을 이 글을 읽는 당신에게 보낸다.

05

그럼에도, 페미니스트 정치

김은희

젠더에 주목하고 여성운동에 발을 들인 이후로 젠더 정책과 정치 세력화 운동을 주요 이슈로 삼아왔다. 지금은 (사)젠더정치연구소 여세연 연구위원이자 녹색당 공동정책위원장으로 활동하고 있다. 민주주의, 젠더 정치, 운동 정치, 시민 참여, 자치와 자급 등의 키워드가 관심사다. 《숨통이 트인다》《정치의 한복판, 여성: 젠더 정치의 그늘》《여성 정치 할당제 : 보이지 않는 벽에 문을 내다》《여성이 당선된다》 등의 책을 기획하고 함께 썼다.

최근에는 대안 정치의 공간에서 페미니스트 정치가 각축하고 손잡고 버티고 살아남기를 고민하고 있다. 정치적으로 조직화된 공간으로서 진보·대안정당 내 여성주의 운동의 유의미함은 여전하다. 어디 정당 활동뿐이겠나. 조직 안에서 활동하는 여성주의자들이 서로 경험을 공유하고 연결되어, 다양한 여성주의'들'이 공존하면서 오래 버티고 끝까지 살아남았으면 좋겠다. 당연히 오래 버티자면 바늘 끝 같은 뾰족함은 유보해야 하는 때도 있을 터, 그 시기에 그저 닥치고 참으면서 상처받거나 혹은 지쳐 나가떨어지지 않고 내부에서 계속 싸워봤으면 좋겠다. 그래야 새로운 사회에 대한 상상이 가능하지 않겠나.

복잡계, 하나가 아닌 여성들

이명박-박근혜 보수 정부 끝자락에서 한국 사회는 격동의 시기를 보내고 있다. '박근혜-최순실 게이트'로 인해 광장이 흘러넘치도록 시민들이 모여 '대통령 퇴진'을 외치고 있다. 하지만 민주주의의 열망이 가득한 광장은 '여성', '여성' 정치인, '여성' 대통령으로 환원된 혐오의 언어들이 뒤섞인 페미니스트 정치의 각축장이기도 하다. "여성혐오와 민주주의는 함께 갈 수 없다"라고 외치는 여성들에게 페미니즘은 "서로 자기 말만 하려고 아우성치는 이 세상에서 내 작은 목소리가 중요하다는 믿음을 갖게[1]" 해주는 힘이 되고 있다.

　　최근 '느린 민주주의'로 명명되며 의미 있는 결과들을 보여주고 있는 이화여자대학교 학생들은 소녀시대의 〈다시 만난 세계〉를 합창하며

1　록산 게이, 《나쁜 페미니스트》, 노지양 옮김, 사이행성, 2016.

'해방'을 외쳤고, '박근혜-최순실 게이트'를 드러내는 데 결정적인 역할을 했다. 그들의 투쟁은 이전에도 계속 자신들의 목소리를 내왔다. 박근혜 대통령은 2015년 가을 이화여자대학교에서 열린 한국여성단체협의회(여협) 주최 전국여성대회에 참석했다. 이대생들은 '반여성 정책, 국정 교과서 추진, 세월호 진상 은폐, 박근혜는 이대에 발도 붙이지 마라!', '남녀임금격차 OECD 1위, 성평등 지수 117위, 박근혜는 '여성'을 말할 자격이 없다!'라는 구호의 피켓을 들고 여성 대통령의 방문에 반대했다. 사복 입은 여경들을 앞세운 경찰은 이대생들을 가로막았고, 전국여성대회에 참석한 여성 지도자들이 저항하는 이대생들을 질책하는 현장이 카메라에 잡혔다. 소셜미디어에는 '해방 이화'의 기개를 지지하는 '이대 나온 여자'들의 훈훈한 응원이 이어졌고, '라면에 동원된 몰지각한 아줌마'들이 남기고 간 쓰레기까지 치운 '개념 여대생'들을 칭찬하는 모습도 보였다. 하지만 언제나 그렇듯 '나대는 여대생'들을 성적으로 비하하는 악성 댓글도 이어졌다.

여성직능단체 등 50여 개 회원 단체와 17개 시·도 여협 500만 회원을 거느린 전국조직인 여협은 대표적 보수여성단체 우산 조직이다. 전국여성대회는 여협에서 1962년부터 매년 개최해온 행사로 2015년에 제50회를 맞았다. 이 대회를 두고 여협은 대한민국 여성 지도자들이 한자리에 모여 여성 발전을 통한 국가 발전을 추동하는 한편, 사회 각 분야에서 탁월한 리더십을 발휘하여 사회 발전과 여성의 권익 향상을 위해 애쓰셨던 분들을 표창하고 격려하는 뜻깊은 자리라고 소개한다. 전국여성대회에서는 여협 초대 회장이자 이화여대 총장이었고 제1대 국회의원선거에 출마하기도 했던 김활란 박사를 기념하여 '김활란 여성

지도자상'을 수여하고 있다. 현직 여협 회장은 얼마 전까지 한국의 성평등 정책 연구를 책임지는 국책 연구기관의 수장이었고, 전 이화여대 교수다. 2016년 총선을 앞두고 여협 홈페이지에 접속하면 여성 정치 참여 확대를 위한 활동을 알리는 "여성 공천 30퍼센트 의무화 1만 명 서명 돌파"라는 문구의 팝업창이 떴다.

이 사건의 상황을 설명한 짧은 글에서 여성들은 끊임없이 '여성'으로 성별이 특정된다. 여성 정치인/여성 지도자들이 등장하고, 성평등이 언급된다. 이들은 모두 여성이지만, 서로 다른 위치를 드러내며 교차되는 가운데 얽혀서 존재한다. 성평등 개념 역시 하나의 정답이 있다기보다 어떠한 정치적 맥락 속에서 다양하게 의미화되고 있다. 박근혜 대통령에 대한 비판의 핵심은 역사 교과서 국정화와 세월호 진상 규명 등이었지만, 이화여대 학생들의 구호 중 문제적으로 드러난 갈등의 지점은 '여성' 대통령으로서의 자격을 중심으로 그려졌다.

보편성, '누구를 대표하는가'라는 질문

근대적 이념에 기반해 우리가 살아가는 이 사회는 자유롭고 평등한 개인을 전제한다. 대의제 민주주의하에서 정치적 대표(representative)는 추상적 개인으로 보편화된다. 하지만 구체적인 정치 공간에서 대표는 언제나 보편과 특수라는 이중적인 위치를 넘나들게 된다. '여성 대통령 박근혜는 여성을 대표하는가?' 혹은 '여성 정치인은 (남성보다 더) 성평등하고 여성 친화적인가?'는 페미니즘 또는 여성 정치인들에게 계속적으로 던져지는 질문이다. "성적 차이는 대표될 수 있는가?"라는 질문에 대해 여성학자 권김현영은 기호로서의 여성과 존재로서의 여성 사이의 공백으로 인한 '여성의 대표 불가능성'을 지적하기도 했다.[2]

반면 남성 정치인들에게는 그들이 '모든 남성을/집단으로서의 남성을 대변하는가?'라는 질문 자체가 제기되지 않는다. 이러한 질문을 마주한다는 것 자체가 여성이 인간으로서 존재 자체의 보편성이 부정되는 상황의 역설적 표현이다.

여성학자 정희진은 "보편성은 모두를 위한 것이 아니라 사회적 필요에 의해 발명된 것이다. 보편성의 '맨얼굴'은 게리맨더링[3]이다. (……) 특수는 보편의 반대말이 아니라 하위 개념이다. '여성부가 있으니 남성부가 필요하다'라거나 '소수자 할당제는 역차별이다' 등의 주장에서 볼 수 있듯이 기존 지배세력의 피해의식이 '평등(같음)'의 이름으로 정당화된다. 평등의 반대말은 차이가 아니라 불평등이며, 평등은 기존 '주류' 세력과 같음을 주장·욕망하는 것이 아니라 차이의 기준을 재구성함으로써 사회 정의와 공정함을 추구하는 것이다."라고 지적한다.

질문할 권리는 누구에게 있고, 대답할 의무는 누구에게 지워지는가? 페미니스트 정치는 '누가 여성인가'를 질문하고 결정하는 권력이 누구에게 있는가를 질문하며, 여성을 단일한 정체성으로 정의하는 권력을 해체하고자 한다. '정치인, 권력자는 남성'이라는, 당연하다고 여겼던 것들에 대해 질문을 던지는 것이 페미니스트 정치가 세상에 기여하는 방식이다. 우리가 '보편적 혹은 객관적'이라고 알고 있는 세계가

2 권김현영·루인·김주희·한채윤,《성의 정치 성의 권리》, 자음과모음, 2012.
3 gerrymandering. 특정 정당이나 특정 후보자에게 유리하도록 부자연스럽게 선거구를 정하는 일.

남성의 경험을 기반으로 구성된 것임을 인식할 때, 페미니스트 정치가 제기하는 배제된 이들의 경험과 관점은 사회구조적 모순과 억압에 관한 통찰력의 근거가 될 수 있다.

참정권, 죽거나 미쳐버리거나

오래도록 정치 공간에서 여성은 삭제된 존재였다. 사회계약을 설파한 프랑스 계몽사상가 루소는 "모든 인류는 평등하다. 그가 프랑스인이든, 독일인이든, 국왕이든, 노예든, 학자든, 귀족이든, 저 미개한 아프리카 원주민조차도 우리와 똑같은 천부인권을 가지고 있다. 단 하나, 여성은 예외다. 여성에게는 인권이 없다. 그러므로 교육을 시킬 필요도 없으며, 정치에 참여시켜서도 안 된다"라고 천부인권을 설명했다. 여성참정권은 근대적 민주주의의 출발점인 천부인권론에서조차 담지 못한 공백이었다.

여성들은 '형제 계약'에 기반한 근대 기획에 반론을 제기한다. 프랑스혁명 당시 여성 혁명가들이 제안한 '정치상 남녀가 동권(同權)이어야 한다'라는 건의나, 여성이 빠져 있는 〈인간과 시민의 권리 선언〉을 대신하고자 한 〈여성 권리 선언문〉은 받아들여지지 않았다. 혁명정부는 자유와 평등이라는 시민혁명 정신을 추구했던 여성들에게 집회를 금지하고, 여성들이 거리를 돌아다니는 권리마저 제한하기도 했다. 결국 '자유의 아마존(Amazone de la Liberte)'이라 불렸던 T. 메리쿠르는 미쳐버렸고, 〈여성 권리 선언〉을 쓴 O. 구즈는 "여성이 단두대에 오를 권리가 있다면 의정 단상에도 오를 권리가 있다"라는 말을 남기고 처형되었다.

남성 시민만으로 형성된 근대사회에서 정치적 권리를 주장하는 여성이 설 수 있는 자리는 단두대뿐이었다.

그럼에도 불구하고, 여성들의 끈질긴 투쟁으로 1893년 세계 최초로 뉴질랜드에서 여성참정권을 얻어내는 쾌거를 이뤘다. 〈1893년 여성참정권 탄원서(The 1893 Women's Suffrage Petition)〉에는 당시 뉴질랜드 성인 여성 인구 4분의 1에 가까운 수가 서명했다. 시민혁명의 나라 프랑스는 1946년, 직접민주주의로 손꼽히는 스위스는 무려 1971년이 되어서야 보편적 여성참정권이 법으로 통과됐다. 사우디아라비아는 2015년이 되어서야 지방선거에서 여성이 유권자로 등록할 수 있게 되었을 뿐, 보편적 참정권은 아직 존재하지 않는다.

세계경제포럼(WEF)은 매년 연말이 되면 각국의 성평등 현황을 지수화한 보고서(Gender Gap Index Report)를 발표한다. 성 격차 지수(GGI)는 정치, 경제, 교육, 건강의 네 개 영역을 지표로 활용하는데, 한국은 2016년 조사에서 0.649점으로 조사 대상 144개국 중 116위에 그쳤다.[4] 세계 평균치를 보더라도 다른 영역에 비해 정치 영역에서의 성평등 수준이 유독 낮은 상황을 눈으로 확인할 수 있다. 기득권이 움켜쥐고 누구와도 나누지 않고 독점하려는 권력이 바로 정치라는 것을 단적으로 보여준다.

지난 2012년 런던올림픽 당시에는 '여성에게 선거권을(Votes for women)'이라는 구호가 적힌 옷을 입은 여성들이 개막식 행사에 등장

---

4 World Economic Forum, 'The Global Gender Gap Report 2016', 2016(http://www3. weforum.org/docs/GGGR16/WEF_Global_Gender_Gap_Report_2016.pdf)

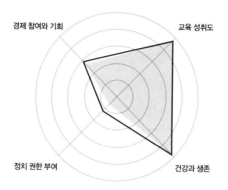

경제 참여와 기회　　　　　　　　　교육 성취도

정치 권한 부여　　　　　　　　　　건강과 생존

진한 선이 성 격차 지수의 세계 평균, 푸른색 면이 한국의 지수를 나타낸다.
세계경제포럼, '2016년 세계 성 격차 지수 보고서'

했는데, 이것은 1832년부터 시작된 영국 여성참정권 운동의 의미를 새기기 위한 것이었다. 그 후 2015년 영국과 북미 지역에서는 영화 〈서프러제트〉가 개봉되어 화제가 되었다. 메릴 스트립, 캐리 멀리건 등 유명 배우들이 출연한 이 영화는 영국을 배경으로 1900년대 초 전투적 여성참정권 운동가들의 이야기를 담고 있다. "여성참정권 운동에 관한 영화가 왜 이제야 만들어졌을까?[5]"라고 반문될 만큼 환영을 받았다. 한국에서는 1년여의 시차를 두고 2016년, '여성의 눈으로 세계를 보자!(See the World through Women's Eyes!)'라는 캐치프레이즈 아래 열린 제18회 서울국제여성영화제 개막작으로 선정된 이후에야 개봉관 상영이 이루어졌다. 여성참정권에 관한 서로 다른 입장과 활동 방식 중에서도 에멀

5　"Why the suffregettes still matter: 'they dared to act as the equals of men'", *The Guardian*, 2015. 9. 18.

린 팽크허스트를 중심으로 한 여성사회정치연맹(WSPU) '서프러제트' 는 온건한 청원 방식이 아닌 음식 먹기를 거부하는 저항에서부터 유리 창 깨기나 방화 같은 전투적 방식을 실행했고, 그로 인해 탄압을 받아 야만 했다. 그럼에도 서프러제트는 계속해서 싸웠고, 결국 영국에서도 1928년에 이르러 남성과 마찬가지로 21세 이상의 여성에게 동등한 참 정권이 부여될 수 있었다.

한국의 경우 여성참정권 운동이 생략된 채 해방과 동시에 1948년, 제헌 헌법에서 제도적으로 여성참정권이 부여됐다. 그러나 여성의 정 치적 권리나 대표성을 주장하면 당연한 듯 "권리만 주장하지 말고, 군 대나 가라"라는 말이 메아리처럼 되돌아오는 현실을 생각하면 이 사회 가 과연 여성참정권에 진정 동의하는가를 다시 생각하게 된다. 2016년 3·8 여성대회 시기에 맞춰 한국어판이 출간된 에멀린 팽크허스트 자 서전《싸우는 여자가 이긴다》⁶의 제목은 '강남역 페미사이드⁷'에 대항해 광장에 나선 여성들의 구호가 되었다. 여성들에게 〈서프러제트〉는 영화 가 아니라 아직 끝나지 않은, 여전히 계속되고 있는 혁명이다.

2012년 대선의 복기(復棋), '준비된 여성 대통령'

생각해보면 한국 정치사에서 지난 대선만큼 '여성'이 전면에 등장한 적

---

6 영국 현지에서 1914년에 'My Own Story'라는 제목으로 처음 출간되었다.
7 페미사이드(Femicide)는 여성(female)과 제노사이드(genocide)의 합성어다. 다이아나 러셀 (Diana E. H. Russell)이 1976년 '여성 대상 범죄에 대한 국제 재판소' 증언에서 명명했으며, 여 성을 단지 여성이라는 이유로 살해하는 여성혐오 살해를 말한다.

이 없다. 등록된 후보의 절반이 여성이었고, 선거의 승자로 당선된 보수 여당 대선 후보도 여성이었다. 여러 명의 여성 후보가 한꺼번에 등장했지만 뭉뚱그려진 '여성'이었을 뿐, 아쉽게도 각각의 후보들이 어떻게 서로 다른 여성'들'인지를 적극적으로 말하지 못했다. 지난 대선 결과를 두고 한편에서는 한국 사회가 '여성' 대통령을 배출할 정도로 여권이 향상됐다고 했고, 다른 한편에서는 최고 권력자가 생물학적으로 여성이라고 해서 성평등에 가까워지는 것은 아니며 여성 과소 대표나 여성에 대한 성폭력이 일상적인 가부장적 사회에서 여성 대통령의 등장은 성평등 착시 현상을 가져온다고 우려하기도 했다.

　여성과 남성의 차이는 어떻게 정의되는가? '해부학은 숙명'이라고 할 만큼 여성과 남성 간의 신체적 차이가 여성성과 남성성을 가르는 근원이라고 믿는 이들도 여전히 있다. 그러나 이런 통념을 거부하며 '생물학적 성(sex)'에 대립하는 개념으로 제기된 것이 '사회적 성(gender)'이라는 개념이다. 사회적 성 '젠더'는 '여자답게 또는 남자답게' 사회·문화적으로 내면화된 성별 규범으로, '만들어진 성적 차이'이다. 나아가 퀴어 이론가인 주디스 버틀러는 섹스와 젠더 모두 사회적 구성물로 서로 분리하기 어려우며, 신체적 차이가 '본질적'이라는 생각 자체도 사실은 문화적으로 구성된 개념이라고 설명하면서 섹스/젠더 이분법을 해체한다. 페미니스트 정치가 주목해야 하는 지점은 섹스/젠더 이분법을 넘어 '사회현상에 구조적으로 작동하는 젠더 위계'를 드러내고 문제화하는 것이다.

　젠더 정치는 여성을 정치 행위자로 등장시키거나 제도적 수준의 정치 영역에서 성차에 기반을 두고 여성의 지위와 특성을 살피는 것으로 이해된다. 그러나 성차 자체에 주목하는 데 그치지 않고 젠더를 사회 분석의 범주로 접근해야 한다. 다시 말해서 젠더 정치는 성별 간의 관계, 제도, 사회구조인 젠더가 어떻게 정치 과정에서 가시적·비가시적으로 작동하는가를 살피는 것이다.[8] '준비된 여성 대통령'이라는 슬로건을 통해 '여성'이라는 존재를 불러낸 것은 박근혜 후보 대선 캠프로부터 시작됐지만, 이 발화에 응답해 박근혜 후보를 '여성'으로 재현한 것은 어쩌면 민주당과 진보 진영이었다.

사실 2008년 대선 한나라당 후보 경선 당시에도 진보 진영 원로 함세웅 신부는 여성 대통령에 관한 질문에 "여자는 안 된다"라고 말해 논란을 빚기도 했다. 민주당 다수 정치인들은 기존의 성역할 고정관념에 얽매이거나 섹스/젠더 이분법에 기반한 인식을 드러냈다. 박근혜 후보를 향해 결혼해서 아이를 낳아보지도 않은 여성이 어떻게 여성을 대표할 수 있느냐, 퇴근하는 남편의 저녁을 준비해보지도 않은 여성이 평범한 여성들의 심정을 어떻게 알겠나, 생물학적으로만 여성이다 등의 언설을 했다. 민중미술가 홍성담은 풍자화 〈박근혜 출산도〉를 내놓기도 했다. 연세대 교수였던 황상민은 심지어 "생식기만 여성"이라는 말로 박근혜 후보를 성적 타자화했다. 보수 정치가 '준비된 여성 대통령'이라는 구호를 활용해 정파적 이해관계를 젠더 이해(利害)로 그럴듯하게 포장하는 동안, 진보 남성들은 젠더 개념의 역사성과 정치성을 간과했고 여성의 정치적 대표성 문제에 대한 빈약한 이해의 한계를 보여준 것이다.

최초 '여성' 대통령에 대한 관심은 한국뿐만이 아니다. 버니 샌더스

---

8 김미덕, 《페미니즘의 검은 오해들》, 현실문화, 2016.

후보의 선전으로 한국에서도 관심을 모았던 미국 대선 민주당 후보 경선의 또 다른 관전 포인트는 미국 최초 여성 대통령이 탄생할 것이냐와 이를 둘러싸고 벌어지고 있는 논쟁 지형이었다. 두 번째로 대선 후보 경선에 참가한 힐러리 클린턴은 이번에도 적극적으로 젠더 이슈를 활용했다. 내각에 참여한 여성의 역할에 대해 언급하고, 당선되면 내각 50퍼센트를 여성으로 구성하겠다고 약속했다. 그러나 민주당 경선 과정에서 젊은 진보적 여성 유권자 다수가 버니 샌더스를 지지하면서 페미니스트 정치가 논쟁되고, 여성 유권자들 내부의 세대 간 균열도 드러났다. 일부에서는 버니 샌더스를 지지하는 여성들에게 여성 비하나 여성혐오를 드러내는 방식의 공격이 발생하기도 했다.

힐러리 클린턴을 지지한 올브라이트 전 국무장관은 "지옥에서 가장 뜨거운 자리는 정치적 격변기에 중립을 지킨 자들을 위해 예비되어 있다"라는 단테의 말에 빗대어 "지옥에는 여성을 돕지 않는 여성을 위해 특별한 자리가 마련돼 있다[9]"라고 발언했고, 결국 해당 발언에 대해 사과해야 했다. 버니 샌더스를 지지한 영화배우 수잔 서랜든은 올브라이트의 발언에 대해 "나는 보지(Vagina)로 투표하지 않는다. 후보가 여자라는 이유만으로 지지하리라 여기는 것은 여성에 대한 모욕이다[10]"라고 일갈했고, 민주당 경선에서 버니 샌더스가 패배한 이후에는 기득권

---

9 "Gloria Steinem and Madeleine Albright Rebuke Young Women Backing Bernie Sanders", *The New York Times*, 2016. 2. 7. (http://www.nytimes.com/2016/02/08/us/politics/gloria-steinem-madeleine-albright-hillary-clinton-bernie-sanders.html?_r=1).

10 "I don't vote with my vagina. It's so insulting to women to think that you would follow a candidate JUST because she's a woman."

_ 수잔 서랜든 트위터(http://twitter.com/SusanSarandon)

정치인 힐러리 클린턴이 아닌 미국 녹색당 대선후보 질 스타인을 지지하는 행보를 보였다.

결국 2016년 미국 대선 결과 당선된 것은 선거 과정에서 온갖 혐오를 쏟아낸 도널드 트럼프였다. 힐러리 클린턴은 선거 결과에 승복하는 연설에서 '유리 천장(glass ceiling)'을 언급한다. 일부에서는 '여성이 여성을 배신해서' 즉, 백인 중산층 여성이 힐러리 클린턴을 지지하지 않아서 선거에 패배했다고 분석하기도 한다. 과연 그럴까? 기득권 정치인 힐러리 클린턴은 여성이라서 당선되지는 못했으나, 여성이라서 낙선했다. '여성'이라는 성별이 당선 요인이 되지는 못했지만, 낙선 요인의 하나로 기능한 것이다. 이번 미국 대선은 선거/정치 국면에서 성별이 어떻게 작동되는가 하는 젠더 정치 동학을 잘 보여주고 있다.

한국 사회의 다양한 영역에서 각 분야 '여성 1호' 탄생은 여전히 화젯거리가 된다. 특히나 여성인 국가 최고 의사 결정권자의 출현은 매우 중요한 의미를 지닌다. 하지만 '여성' 대통령이라는 키워드만을 강조하는 과정에서 정치를 오로지 성별만으로 환원하는 오류를 범하기도 한다. 젠더만이 유일한 최종 심급은 아니며, 페미니스트 정치는 젠더가 유일한 최종 심급이어야 한다고 주장하는 것도 아니다. 어찌 보면 성별 경쟁 구도일 수 있는 상황에서 분투하는 여성 후보를 두고, 더구나 최초 '여성' 대통령이라는 역사적 의미에도 불구하고 남성인 버니 샌더스를 지지했던 미국 여성 유권자들은 여성 정치 세력화의 의미를 폐기한 것일까? 오히려 한걸음 더 나아가 여성 투표(women's vote)와 여성주의 투표(feminist vote)가 각축하면서 페미니스트 정치의 복원을 말하고 있는 것이 아닐까?

페미니스트 정치의 역설과 정치 전망

그래도 지난 2012년 18대 대선 경험이 남긴 성과가 전혀 없지는 않다. '헌정 사상 최초 여성 대통령'의 등장은 한국 사회에서 여성이 정치한다는 것은 무엇인가에 대한 근본적인 질문을 끄집어냈고, 여성 정치 세력화 운동이 '어떤 여성과 연대할 것인가'를 직접적으로 마주하게 한다. 또한 젠더 관점에서의 민주주의를 보다 진지하게 고민하는 계기가 되기도 했다. 1987년 6월 항쟁을 통해 '민주화'를 이루었지만, 민주화는 여성들에게 있어 단선적인 성장의 경로를 안내해주지는 못했다. 민주화가 당연히 민주주의를 동반하는 것은 아니며, '젠더'가 삭제된 민주주의에 대해서도 다시 성찰해야 한다. 한국은 여전히 민주주의를 제도화하기 위한 시행착오의 연속선상에 서 있다.

역사학자 조앤 스콧의 말처럼 페미니즘 정치 운동에는 "여성을 배제하는 정치에 맞서 성차를 제거하고자 하는 한편, 성차를 통해 담론적으로 나타난 '여성'의 편에서 권리를 요구하면서 제 자신이 없애버리고자 한 성차를 생산"하는 역설이 존재한다.[11] 후발 민주국가인 한국은 민주 정부 수립 이후 국제사회로부터의 정당성을 확보하는 과정에서 평등하고 민주적인 근대적 이미지를 창출하는 주요한 도구로 '성평등 정책'을 채택했고, 여성 정치 참여 확대를 위한 할당제 등도 큰 사회적 논란 없이 제도화되었다.

진보 여성운동이 채택한 제도화 전략은 일정 정도 단일한 집단으로서의 '여성' 개념을 바탕으로 해왔다. 정치 영역에서 여성들이 공유하

---

11 조앤 W. 스콧, 《페미니즘 위대한 역설》, 엘피, 2006.

는 '배제의 경험(experiences of exclusion)'은 진보와 보수를 넘어 '여성계'가 여성 정치 할당제를 요구하는 연대를 형성하는 경험을 만들어내기도 했다.

여성운동이 발 딛고 있는 사회는 진공 상태가 아니었고, 폭넓은 연대를 위해서는 그 합의 수준이 낮아질 수밖에 없었다. 이론적인 철저함을 관철하기에는 현실이 너무나 척박하기에 여성 정치 참여 운동은 때때로 '그럼에도 불구하고' 전략적인 실천을 해야 했고, 어떤 국면에서 의미 있고 부분적으로 옳았다. 여성 정치 할당제에 관해서는 페미니스트 내부에서도 찬반이 나뉘기도 했고, 여성 정치 할당제 자체가 효율을 추구하는 신자유주의와 상호 배타적이 아니라는 비판도 있다. 여성 정치 할당제를 통해서 수적인 대표성을 확대할 수는 있었지만 여성들이 겪고 있는 차별적 삶과 경제적 불평등은 온전히 해결되고 있지 못하고, 보다 많은 여성을 당선시켰지만 그것이 체제의 진보성을 강화하기보다 오히려 보수성을 유지하는 데 기여할 가능성이 높다는 지적도 있다.[12]

그러나 과거의 누적된 차별을 시정하기 위한 적극적 조치(affirmative action)로서 여성 정치 할당제의 효과는 부인하기 어렵다. 통상 30퍼센트 정도로 이야기되는 여성 정치 할당제 임계치(critical mass)는 발화점이지 목표치가 아니다. 여성 정치 할당제 제도화의 단기적 과제는 짧은 시간 안에 제도정치에 보다 많은 여성들이 참여할 수 있도록 하는 것이었고, 끼어들기는 부분적으로 가능했지만 기존의 남성 중심적인 정치 구조와 문화를 재구조화하는 새판 짜기에는 한계가 있을 수

12 Mala Htun, "Puzzles of Women's Rights in Brazil," *Social Research* vol. 69, no. 3, 2002

밖에 없었다. 그리고 지금 한국 사회에서 지적되고 있는 여성 정치 할당제에 대한 비판은 여전히 임계치에 크게 못 미치는 여성 정치 참여 현실에 기인한 것이기도 하다. 여성 정치 참여의 수적 확대와 질적 전환은 도식적 양자택일의 관계로 보기 어렵다. 정치 영역에서 여성과 남성의 동등한 참여와 공정한 경쟁은 기존의 남성 중심적 인적 충원과 정치 엘리트 형성 과정의 변화, 그리고 여성들에 대한 전반적인 사회적 불평등의 해소를 전제로 한다. 정치 자체가 재구성되어야 '그럼에도 불구하고'가 필요 없는 페미니스트 정치가 가능하다.

당선 직후 남녀 각 15명으로 이뤄진 사상 최초 남녀 동수 내각 구성과 "2015년이니까요"라는 발언으로 주목을 받은 저스틴 트뤼도 캐나다 총리는 언론 인터뷰에서 빈번히 스스로를 페미니스트라고 밝히고, 그런 발언은 국경을 넘어 인터넷 세상을 통해 반향을 불러일으키고 있다. 그는 "내 말에 아무런 반응이 없을 때까지 계속 페미니스트라고 말하겠다. 너무나 당연해져 아무런 반응이 없어질 때까지, 그것이 목표다"라고 말한다. 여성 정치 세력화의 목표도 다르지 않다.

'여성 대표성'이라는 키워드가 사라진 2016년 20대 총선 결과를 보면 할당제가 제도화된 다른 나라의 사례와는 달리 여성 의원 비율이 10퍼센트 중반대로 17대 총선 이후 여전히 답보 상태다. 정치적 보수화라는 흐름 속에서 '여성' 대통령이라는 존재는 역설적으로 여성 정치 운동의 자기 성찰을 요구하고 있기도 하다. '최초 여성 대통령' 박근혜의 실패는 여성 정치의 실패라기보다 여전한 현실의 반영이다. 후보 시절 박근혜는 '명예 남성'으로 언급되기도 했지만, 어쩌면 너무나 '순수한' 여성으로서의 존재가 아니었을까? '최초 여성 대통령'을 옹립한 기득권 남성 정치는 그/녀를 온전히 공적 존재로서 그리고 정치적 리더로서 존중한 적이 없다. 박근혜의 실패가 '사적인 여성의 실패'로 조롱되고 소비되는 동안 대통령 박근혜의 공적 책임은 희석되고, 그/녀를 동원한 기득권 남성 정치의 횡포는 비가시화되었다.

여성'들'은 동질한 하나의 집단일 수 없고, 어떤 여성 정치인도 여성 모두를 대표하는 것은 불가능하다. 다양한 여성들 간의 차이는 은폐되거나 삭제될 이유가 없다. 서로의 차이는 여전히 우리를 당황스럽게 하고 때로는 불쾌하게 하겠지만 이제 차이는 소란스럽게 교차되고 교감되며 어긋나고 상응한다. 그리고 이러한 소란은 여성을 분열시키는 만큼 묶어줄 것이다.[13]

여성 정치 참여 확대는 페미니스트 정치의 최종적 목표가 아니다. 기득권 남성의 정치 독점을 해체함으로써 정치적으로 배제된 자들의 목소리를 드러내는 것이 페미니스트 정치고, 다양한 여성들의 정치 참여 확대는 그 과정의 한 단면이다. 여성과 남성, 특수와 보편을 이분법적으로 가르는 것이 아니라 각각의 복잡한 교차성(intersectionality)을 더듬어 상호 인정의 폭을 넓히는 민주주의의 주체적 재구성이 페미니스트 정치의 전망이다.

13 이현재, 《여성의 정체성―어떤 여성이 될 것인가》, 책세상, 2007.

06

나는 섹스에 대해 이야기하는 '여자'

은하선

섹스를 좋아하는 페미니스트. 여성과 퀴어를 위한 섹스 토이샵 '은하선토이즈'를 운영하고 있다. 대학
축제, 퀴어 문화 축제, 비건 페스티벌 등 공개된 장소에서 섹스 토이샵 부스를 열기도 했다. 다수의
섹스 워크샵, 섹스 토크, 토이 파티 등을 진행했고 10대 여성들의 즐겁고 안전한 섹스에도 많은 관심
을 가지고 있다. 저서로 《이기적 섹스: 그놈들의 섹스는 잘못됐다》가 있으며, 2017년 현재 〈경향신문〉
에 '은하선의 섹스올로지'를 연재하고 있다. 여성 파트너와 고양이 두마리를 모시며 살고 있다.

"아, 섹스 칼럼니스트?"

섹스에 대해 글을 쓰는 사람을 섹스 칼럼니스트라고 부른다. 나도 섹스 칼럼니스트라고 불린다. 섹스에 대해 글을 쓴다고 말하면 사람들은 말한다. "아, 섹스 칼럼니스트? 그 미국 드라마 〈섹스 앤드 더 시티〉에 나오는 캐리처럼?" 조금 많이 다르지만 그냥 귀찮으니까 비슷한 거라고 한다. '섹스'를 말하는 '여자'라면 그냥 다 하나로 묶고 싶은가 보다. 섹스에 대해서 글을 쓰는 여자라고 누군가에게 말을 하는 것은 일종의 커밍아웃과도 같다. 실제로 누군가에게 애인이 여자라고 커밍아웃했을 때와 섹스에 대해서 글 쓴다는 사실을 밝혔을 때 사람들의 반응은 비슷하다. 주변 지인들이나 친한 친구들, 부모님은 이미 내가 바이섹슈얼이고 여성과 사귀고 있다는 사실을 알고 있다. 그래서 굳이 커밍아웃할 일이 없는 편이지만 어쩌다 가끔 새로운 인물을 알게 되면 커밍아웃을 해야 되는 경우가 생기곤 한다. 여자랑 사귄다고 말을 하면 사람들은 대부분 이런 반응을 보인다. "아 너 뭐야? 레즈비언? 아 바이섹슈얼~ 그럼 홍석천 같은 거네. 나 〈마녀사냥〉 진짜 좋아하는데. 와, 나 바이섹슈얼 실제로 처음 봐~" 그래. 처음 봤으면 많이 봐야지. 실컷 봐라. 바이섹슈얼이라고 커밍아웃하면 홍석천 소리를 듣고 섹스 칼럼니스트라고 커밍아웃하면 캐리 소리를 들으니 인생 참으로 살맛 난다.

그런데 한편으로는 얼마나 떠올릴 만한 사람이 없으면 그러나 싶어 쓸쓸해지기도 한다. 홍석천이 공개적으로 커밍아웃한 지 2017년 현재 벌써 9년째가 된다. 그러나 아직까지 공중파에서 공개적으로 커밍아웃한 여자 연예인이나 방송인은 한 명도 없다. 성별은 다르지만 동성을 좋아한다는 연예인 홍석천을 떠올리는 것은 어찌 보면 당연한 일인지 모른다. 섹스 칼럼니스트라고 했을 때 사람들이 '자연스럽게' 캐리를 떠올리는 것도 이와 같다. 〈섹스 앤드 더 시티〉는 뉴욕 시티의 잘나가는 백인 여성 네 명의 이야기를 다룬 드라마다. 한국에서 미국 드라마, 일명 '미드'가 한창 뜨기 시작했을 때부터 많은 이들에게 사랑을 받았다. 그리고 드라마 속 캐리는 섹스 칼럼니스트의 대표적 이미지로 사람들의 머릿속에 강렬하게 남아 있다. 그러니 섹스 칼럼니스트라고 하면 캐리를 제일 먼저 떠올리게 된다. 실제로 어떤 여성 섹스 칼럼니스트들은 캐리를 롤 모델로 두고 활동을 하기도 한다. 어떤 여성 섹스 칼럼니스트를 소개할 때 '한국의 캐리'라는 수식어를 넣는 경우도 흔하다. 난 항상 궁금했다. 캐리가 어떤 내용의 글을 쓰는지 아는 사람이 몇이나 될까. 여자가 섹스에 대해서 글을 쓰면 사람들은 내용보다는 '여자'가 '섹스'에 대해 글을 쓴다는 사실 자체에만 집중한다. '섹스'라는 단어의 범위는 우주만큼 넓다. 마침 유행하고 있는 요리에 빗대어서 말해볼

까. 요리라는 큰 테두리 안에서 할 수 있는 이야기가 얼마나 많은가. 그게 아니라면 방송국마다 앞다투어 요리 프로그램을 편성할 리가 없지 않나. 누군가는 간편하게 요리하는 방법에 대해 이야기하고 누군가는 재료 본연의 맛을 살리는 방법에 대해 이야기하고 또 누군가는 요리 서바이벌을 한다. 섹스도 마찬가지다. 누군가는 섹스를 하는 방법에 대해 이야기하고 누군가는 안전하게 섹스를 하는 방법에 대해 이야기하고 또 누군가는 섹스를 '자유롭게' 하는 방법에 대해 이야기한다. 셋 중 내가 쓰는 글이 어떤 건지 궁금하신 분들이 계실 거다. 미안하지만 내가 쓰는 글은 셋 중 어느 곳에도 속하지 않는다. 나는 '안전하게' 섹스를 하는 방법보다는 무엇이 '안전'인지에 대해 묻고, '자유롭게' 섹스 하는 방법보다는 '자유'가 무엇인지 묻는 방식으로 글을 쓴다.

작년에 나는 책을 냈다. 섹스에 대한 내 경험을 바탕으로 쓴 에세이와 다른 여성들의 섹스 인터뷰를 묶은 《이기적 섹스: 그놈들의 섹스는 잘못됐다》다. 사람들은 섹스에 관심이 많다. 신문 기사나 잡지 기사만 봐도 알 수 있다. 섹스에 관련된 기사들은 무조건 인기가 있다. 제목에 섹스가 들어가면 더 잘 먹힌다. 내 책 제목에도 '섹스'라는 단어가 들어가 있다. 요즘 같은 출판 불황기에 출간한 지 보름도 안 돼서 2쇄를 찍었다. 자랑이다.

여성에 대한 남성의 좁은 상상력

책이 나오고 〈경향신문〉 '저자와의 대화'에 내 인터뷰가 나갔다. 메이저 언론에서는 처음으로 얼굴을 공개했다. 요즘은 신문사도 SNS를 열심히 한다. 내 사진과 인터뷰 내용을 포토샵으로 편집해서 올려주신 덕분에 기사 좋아요 수와 리트윗 수가 유명 연예인 열애 기사 못지않았다. 기사 밑에는 많은 댓글들이 달리기 시작했다. 주변 사람들은 내가 댓글을 보고 상처를 받지 않을까 걱정했다. 아마 댓글을 달아주신 많은 분들도 나에게 어떤 종류의 데미지를 가하고 싶으셨을 것이다. 나를 너무 사랑한 나머지 내가 역경을 딛고 더 단단해지기를 바라며 댓글을 달아주셨을 수도 있겠지만. 이건 비밀인데 난 사실 약간의 마조히스트 기질이 있는지라 누군가에게 욕먹는 것을 좋아한다. 거기에 더해 누군가가 헛짓하는 것을 보면서 비웃고 즐기는 악취미도 가지고 있다. 그래서 열심히 댓글을 읽고 분석해 유형을 나눠보았다.

첫 번째, 외모를 공격한다. 외모를 공격하면 내가 충격이라도 받을 거라 생각했나 보다. 대다수의 사람들은 화가 나지만 논리적으로 자신이 왜 화가 나는지에 대해 설명하고 반박하기 힘들 때 상대방의 외모를 공격하거나 쌍욕을 한다. 나는 대한민국에서 나고 자란 여성답게 어려서부터 각종 외모 공격을 받으며 자라왔다. 눈이 너무 커서 빠질 것 같다거나 허벅지가 너무 두꺼워서 터질 것 같다는 식의 이야기들을 항상 들으면서 살았다. 초등학교 때는 다리가 두껍다는 이유로 '조선 무'라는 말을 듣기도 했다. 그런 나한테 '절벽 가슴'이라는 말이 뭐 그리 큰 상처가 되겠나. 그냥 그런가 보다 했다. 얼마나 할 말이 없으면 모니터 앞에 앉아서 외모 공격이나 하고 있을까 싶어 빵이라도 사 먹으라고 용돈이라도 쥐여주고 싶어지더라.

두 번째, 어리다고 놀린다. 내가 소녀시대도 아니고 어리다고 놀리는 건 대체 뭔가. 서른도 안 먹은 어린 여자애가 섹스에 대해서 아는 척하는 게 꼴 보기 싫었나 보다. 아무래도 섹스는 남성들의 영역이니까. 그 영역에 머리에 피도 안 마른 어린 여자애가 발을 들이니 자존심 상했나 보다. 하지만 나는 알고 있다. 서른 살이 넘어가는 순간 난 '노처녀' '아줌마' 소리를 듣게 될 것이다. 초등학교 때부터 본격적으로 자위를 했고 열다섯 살 때부터 파트너 섹스를 했으니 결코 짧지 않은 시간 동안 섹스를 해왔으며 적지 않은 경험을 가지고 있다. 그러나 이런 상황에서 내가 뭐가 어리냐고 반박하거나 나도 섹스 할 만큼 해봤다고 말하는 것은 도움이 되지 않는다. 그냥 아, 네, 저 어려요. 이러고 넘어가면 된다. 이것도 외모 공격만큼이나 참 쓸모없는 공격이다.

세 번째, 이게 무슨 페미니즘이냐고 말한다. 오랜 시간 동안 남성들은 페미니스트를 욕구불만 혹은 남성에게 사랑받지 못해서 삐뚤어진 여성의 이미지로 굳혀왔다. 아직도 '일부' 남성들은 여성들이 자신의 목소리를 내는 것에 대한 거부감을 가지고 있다. 기독교식 결혼식에 한 번이라도 가봤다면 알 것이다. '남편에게 순종하는 여자'가 되라는 메시지를 전달하는 목사님의 얼굴에서는 인자한 미소가 떠나지 않는다. 진심으로 그것을 덕담이라고 생각하는 것이다. 여자들이 자신의 목소리를 내기보다는 조용히 입 다물고 자신의 말을 듣기 바라는 남성들이 같은 하늘 아래 살고 있다는 것은 너무나도 끔찍한 '현실'이다. 이런 나라에서 여성들이 참정권을 가지고 있다는 것이 놀라울 정도다.

1920년, 미국에서 여성들이 투표를 할 수 있게 되었다. 참정권을 갖게 된 것이다. 투표를 할 수 있다는 것은 자신의 의견을 낼 수 있다는 뜻이다. 즉 1920년 이전에는 여성들이 자신의 의견을 표출할 수가 없었다는 말이기도 하다. 페미니스트들은 참정권을 갖기 위해 목숨을 걸고

목이 터져라 외쳐야 했다.

남성들은 여성들이 쫑알대는 것을 어떻게든 막아야 했다. 그래서 '못생긴 여성이 투표를 한다', '여성들이 투표를 하게 되면 전통적인 가족이 깨질 것'이라는 메시지를 퍼뜨리기도 했다. 전통적인 여성에서 벗어나 집 밖으로 나가고자 참정권을 원했던 여성들에게 '전통적인 여성이 되라'라는 메시지가 먹힐 거라고 생각했던 걸까. 그게 정말 최선이었을까 싶다. 놀랍게도 페미니스트에 대해 21세기의 '한국' 남성들이 가지고 있는 이미지는 20세기 초반 참정권 달라 외치던 미국의 페미니스트들을 공격하기 위해 '미국' 남성들이 만들어냈던 이미지와 너무나 비슷하다. 물리적인 거리와 시간 앞에도 이토록 끈끈하게 유지된 남성들 간의 연대라니 무릎을 꿇지 않을 수가 없다. 발전이 이토록 더딘 그들이니 얼마나 혼란스러울지 이해가 간다.

분명히 페미니스트라면 연애도 못하고 섹스도 못하고 세미나실에 처박혀 있어야 하는데 갑자기 눈앞에서 남자랑 섹스한 각종 이야기를 쏟아내니 얼마나 당황스럽겠는가. 심지어 한국에서 여성들이 참정권을 갖게 된 지는 70년밖에 안 됐다. 70년 전까지 투표도 못하던 주제에 섹스에 대해 나불거리고 다니니 얼마나 꼴 보기 싫겠나. 어쩌면 그들은 페미니스트를 제대로 만난 적이 한 번도 없을 지도 모른다. 상상 속의 동물 기린처럼 그들에게 페미니스트의 존재는 어렴풋하게 그려지는 무엇일 것이다. 지구상에 얼마나 많은 페미니스트가 있는데 한 번도 본적이 없다니 측은해진다.

네 번째, 시집은 어떻게 가려고 하냐며 걱정한다. 걸레라거나 더럽다거나 줘도 안 먹는다는 말도 함께 덧붙인다. 남성들은 섹스에 대해서 말하는 여성을 좋아한다. 섹스 이야기하는 여자들은 언제든지 자신이 원하면 쉽게 다리를 벌려줄 것 같기 때문이다. 다만 남성들을 공격하지 않아야 한다는 전제가 붙는다. 항상 격려해주며 자신감을 북돋아주고 심인성 발기부전을 가져다주지 않을, 그러니까 엄마처럼 다정하고 설리번 선생님처럼 모르면 친절하게 가르쳐주는 여성 말이다. 그런 남성들이 잘못된 섹스를 하는 남자들에 대한 글을 쓰는 날 좋아할 리가 없다. 그러니 무조건 욕을 한다. 걸레, 줘도 안 먹는다. 그리고 모든 여성들이 남성과의 결혼을 원할 거란 좁은 상상력을 동원해 최선의 욕을 만들어낸다. 저래 가지고 시집이나 가겠어? 섹스 이야기 좀 했다고 남자들한테 걸레 소리를 듣는 사회에서 '시집도 못 갈 년'이라는 말은 욕보다는 오히려 덕담에 가깝지 않나. 어째서 내가 남성과의 결혼을 원할 거라는 생각을 하는지 도통 알 수가 없다. "최고의 운동은 그런 남성들과 만나주지 않는 것"이라던 모 여성학자의 말이 떠오르는 순간이다.

때론 돈 벌려고 별짓을 다 한다며 남성이 섹스에 대해 글 썼으면 변태 소리나 듣지 이렇게 기사에 나왔겠냐며 여자라서 좋겠다는 말을 듣기도 한다. 섹스에 대해 말하는 건 남자한테도 어려운 일인데 괜히 개인적인 이야기를 끌어와서까지 일반화해 여자라서 섹스에 대해 말하기 힘들고 차별받는다는 말을 하는 건 대체 뭐냐는 말도 함께 얹어서 말이다. 그럴 땐 역사 공부의 중요함을 느낀다. 남성들이 대체 섹스에 대해 말을 자유롭게 못한 적이 언제 있었나. 설마 엉덩이 닳는 것도 아닌데 못 만지게 했다고 투정부리는 건가? 섹스하고 싶어서 꼴린다고 말했을 뿐인데 성희롱이라고 해서 심통이라도 나셨나보다. 정말 '깜둥이'라고 말할 자유를 외치는 백인 같은 소리하고 앉아 있다. 섹스에서도 남성들이 한발 더 앞서 있다는 이야기를 하고 싶었던 건지 이미 언제 적 마광수가 다 한 건데 지금도 이러고 있냐는 말을 하는 남자들도 있었다. 정말 모르는 소리다. 마광수의 글은 자유롭고 솔직하게 섹스에 대해 썼다고 평가받기도 하지만 사실 그의 글은 지극히 남성 '특권적'으로 쓰였다. 섹스에 대해 글을 쓴다는 이유만으로 남성들이 가지고 있는 언제든지 다리 벌려줄 '야한 여성'에 대한 판타지에 대해 글을 쓴 사람하고까지 묶이다니 정말 굴욕적이다. 마광수라니. 〈섹스 앤드 더 시티〉의 캐리라는 말이 차라리 고마울 정도다.

왜 여성은 섹스를 말하면 '수난'을 겪을까

남성들에게 여성들이란 오랜 시간 동안 공짜로 밥도 해주고 빨래도 해주고 청소도 해주던 존재였다. 그런 여성이 일을 하고 돈을 벌다니 그것만으로도 남성들은 충분히 기분이 상한다. 게다가 다른 것도 아니고 자기 다리 벌린 이야기로 책을 내고 돈을 벌고 신문 기사에도 나오니 막 짜증이 나는 거다. '돈 벌려고 별짓 다 하네. 무슨 섹스 많이 한 게 자랑이라고 계집년이 떠벌리고 다녀. 섹스 이야기 좀 했다고 저렇게 기사도 나오고 돈도 벌고 책도 내고 여자라서 좋겠다. 내가 이래 봬도 남잔데, 3초에 한 번씩 섹스 생각한다는 그 섹스의 아이콘 남성이 바로 난데, 섹스 이야기라면 자신 있는데 나는 무슨 말만 하면 변태라고 하거나 성추행하지 말라고 하면서 쟤는 여자라는 이유로 섹스 이야기해도 괜찮은 거야? 역차별이야, 뭐야. 나도 잘할 수 있단 말이야.' 남성들은 그렇게 지금 이 순간에도 댓글을 달며 삐죽거리고 있다.

물론 그들은 대부분 내 글을 단 한 번도 읽지 않은 이들일 것이다. 그러나 과연 그들이 내 글을 읽는다고 해도 제대로 이해나 할 수 있을지 의문이 든다. 누군가 내 책을 읽고 한 여성이 레즈비언이 되어가는 과정이라고 후기를 쓴 것을 본 적이 있다. 역시 사람은 보고 싶은 것만 보는 걸까. 꽃이 아무리 말을 잘해도 그건 말 잘하는 꽃일 뿐이다. 그 누구도 꽃이 전하려는 말의 내용에는 관심을 갖지 않는다. 내가 아무리 논리적으로 글을 써도 사람들이 '섹스'에 대해 '여성'이 쓴 글이라고만 보는 것은 힘 빠지는 일이다. 하지만 그렇다고 해서 못 알아듣는 남자들을 군이 밥숟갈 정성껏 떠먹여주면서까지 챙기고 싶지 않다. 분명 내 글을 이해하고 알아주고 공감하는 여성들이 있기 때문이다. 그걸로 충분하다. 여성들이 내 글을 보고 힘을 얻는다면 그래서 스스로 섹스를 말할 용기를 얻는다면 난 그걸로 족하다. 내가 겪는 일들을 보고 누군가 '수난'이라고 말했다. 난 댓글을 하나하나 읽으면서 내가 왜 섹스에 대해 글을 쓰기 시작했는지 다시 한 번 생각해봤다. 저런 남자들 때문이었다. 한편으론 고맙기도 하다. 저런 남자들이 없다면 내가 글도 못 쓰고 책도 못 냈을 거 아닌가. 아마 지금 이 글도 못 썼을 거다.

섹스에 대해서 글을 쓰는 여자들은 드물다. 나와 같이 '그놈들의 섹스는 잘못됐다'라는 류의 글을 쓰는 여성들은 더욱 드물다. 얼마 전 한 유명 패션지 기자가 나에게 인터뷰를 요청해왔다. 기자는 애무하기 싫어하는 남성들을 어떻게 하면 구슬릴 수 있을지에 대해 물었다. 아마도 그 기자는 '섹시한 속옷'을 입거나 부드러운 요거트나 누텔라를 몸에 발라 애무를 유도한다는 식의 답변을 원했을 것이다. 하지만 난 도무지 그런 대답을 해줄 수가 없었다. 아니, 해주고 싶지가 않았다. 관계에 있어서 어떠한 노력도 더 이상 하지 않는 남성들의 자존심을 왜 세워줘야 하는지 난 잘 모르겠더라. 아마도 그 기자는 내가 어떤 종류의 글을 써왔는지 모르고 연락을 해왔을 것이다. 나를 섹스에 대해 글을 쓰는 여성 중 한명으로 생각하고 인터뷰를 요청했을 것이다. 물론 내가 섹스에 대해서 글을 쓰는 여성인 건 맞다. 하지만 페미니즘적인 시각으로 섹스를 바라보는 것과 아닌 것은 완전히 다르다. 많은 섹스 칼럼니스트들이 남성들과 싸우기보다는 남성들을 어떻게 잘 구슬릴 수 있는지에 대한 글을 쓴다. 대부분의 매체에서 그러한 섹스 칼럼을 원하기도 하며 그런 글들이 잘 팔리는 게 사실이다. 그러나 난 남성들을 구슬려 잘 지내는 방법에 대한 글을 쓰고 싶지가 않다. 싸움이 없는 평화는 판타지에 불과하기 때문이다. 정당한 비판을 공격으로만 받아들이는 남성들에게는 진짜 공격이 뭔지 보여줘야 되는 게 아닐까. 아마 나에게 원하는 답을 얻지 못한 기자는 다른 섹스 칼럼니스트에게 연락을 했을 거다.

동시대에 살고 있지만 여성들은 절대 섹스에 대해 같은 생각을 하고 있지 않다. 여자라는 이유만으로 모두가 같았다면 내가 그렇게 오랜 시간 힘겨운 싸움을 할 필요가 없었을 것이다. 어린 시절 순결 교육을 '빡세게' 받고 자랐던 엄마와도 싸우고 그 엄마 밑에서 자란 덕에 내 몸속에 차곡차곡 쌓여온 섹스에 대한 강박과도 싸우며 여기까지 왔다. 사람들은 종종 나에게 섹스에 대해 '자유롭게' 말하는 모습이 멋지다거나 부럽다고 말한다. 나도 여기까지 오느라 힘들었다. 10대 시절의 섹스 이야기를 처음 꺼낼 때는 욕을 많이 먹을지도 모른다는 생각이 들어서 두려웠다. 10대 시절의 난 주변 사람들에게 나를 숨기며 일종의 이중생활을 해야만 했다. 글을 쓰면서 조금씩 내 안의 나를 깨고 나올 수 있었고 더 많은 이야기도 할 수 있게 되었다. 결코 나는 어느날 갑자기 용기를 낸 것이 아니다. 여자들에게는 억압되었던 시간만큼의 생각할 시간과 용기를 얻을 시간과 스스로 자유로워질 시간이 필요할 것이다. 내가 그랬던 것처럼.

'빨갛다'는 이유만으로 같지 않다

'여자'가 '섹스'에 대해 글을 쓰거나 말을 하는 것 자체로 의미가 있는 시대는 분명 지났다. 어떤 맥락에서 이야기하는가에 따라 주제가 같은 글도 전혀 다른 의미를 가진다. 2015년 9월 남성 잡지 〈맥심 코리아〉는 여성 납치를 연상시키는 화보를 실었다가 많은 여성들에게 항의를 받고 결국 잡지를 수거하기에 이르렀다. 그러나 어떤 여성들은 아직까지도 발기부전 오지 않게 남성들을 살살 달래가며 야한 속옷을 입고 침대를 뜨겁게 만들라는 글을 쓰고 있다. 그런 글과 나의 글이 과연 '여성'이 '섹스'에 대해 썼다는 이유만으로 같을까. 전혀 아니다. 섹스를 성인 여성으로서'만' 누려야 할 즐거움이라고 말하는 여성이 나와 같을까. 섹스토이를 성인용품, 어덜트 토이라고 말하는 여성이 10대 여성의 섹슈얼리티를 말하는 나와 같을까. 섹스를 남성과 여성의 숭고한 결합이라고 말하는 여성이 과연 여성 간의 섹스에 대해 말하는 나와 같을까. 절대 그럴 리 없다. 이렇게 분명히 다르지만 여전히 '여자'가 '섹스'에 대해 이야기한다는 이유만으로 같은 카테고리로 묶이고 있다. 썩 유쾌하지는 않다. 때론 '여성'을 넘어 '마광수'와 엮이기도 하지만.

　섹스에 대해 이야기하고 글을 쓰는 여성들이 지금보다 더 많아진다면 나는 '섹스'와 '여성'을 넘어서 평가받을 수 있을까. 몇 명 되지 않는 여성 섹스 칼럼니스트 중 한 명으로 주목받는 것이 싫지는 않지만, 섹스에 대해 글을 쓴다는 이유만으로 섹스와 관련된 작업을 하는 모든 이들과 무조건 하나로 묶이는 것은 결코 반갑지 않다. '빨간 사과'와 '빨간 의자'가 빨갛다는 이유만으로 같을 수는 없다. 사과는 과일이고 의자는 가구다. 무조건 같다고 묶어놓으면 사과랑 의자가 얼마나 시무룩하겠나.

07

여성을 사랑하는 나는 여성이 아닙니까?

나영

지구지역행동네트워크 적녹보라 의제행동센터장. 2003년부터 문화연대 문화교육센터와 문화정책센터에서 활동하였으며, 2010년부터는 지구지역행동네트워크에서 활동하면서 성소수자 차별 반대 무지개행동, 여성의 임신·출산 결정권을 위한 네트워크, 성과 재생산 포럼 등에 참여해왔다. 성과 정치·경제, 종교 근본주의와 정치, 적녹보라 패러다임, 글로컬 액티비즘에 주된 관심을 두고 활동하고 있다. 참여한 책으로 《안녕, 사회주의》《집은 인권이다》《수신확인, 차별이 내게로 왔다》《연애와 사랑에 대한 십대들의 이야기》《덜 소비하고 더 존재하라》 등이 있고 레즈비언 페미니즘 주요 문헌들을 번역한 번역서와 '성과 재생산 포럼'의 문제의식들을 엮은 책을 함께 준비하고 있다.

2015년 8월 4일, 여성가족부는 성평등 기본조례에 '성소수자 보호 및 지원'을 명시한 대전광역시에 공문을 보내 "양성평등 기본법은 성소수자와 관련된 개념이나 정책을 포함하고 있지 않다"라는 입장을 밝혔다. 여성가족부가 아무 일 없이 진행되던 대전시 성평등 기본 조례에 갑자기 딴지를 걸게 된 배경에는 한국교회동성애대책위원회의 민원이 있었다. 이 단체가 대전시 성평등 조례의 해당 조항에 민원을 제기하자 여성가족부가 "양성평등 기본법은 사회 모든 영역에서 여성과 남성의 동등한 권리와 책임, 참여 기회를 보장하기 위한 법"이라며 입장을 밝힌 것이다. "대전광역시의 성평등 기본 조례는 양성평등 기본법의 입법 취지를 벗어났다"라며 개정도 요청했다. 이 사실이 알려진 이후 많은 여성 단체들과 성소수자 단체·개인은 성소수자를 성평등 범주에서 삭제한 여성가족부의 입장을 비판하며 기자회견과 항의 행동, 궐기대회 등을 진행했다. 그러나 결국 대전시 성평등 기본 조례는 한 달 뒤, 해당 조항을 삭제하여 개정되고 말았다.

국민으로 등록되는 순간부터 모든 사람들이 무조건 남성 아니면 여성의 숫자로 표시되는 성별 분류 코드를 가지고 살아갈 수밖에 없는 대한민국에서, '양성평등 기본법'에 포함되지 않는 성소수자는 어떤 존재라는 것일까. 결국 여성가족부는 성소수자를 아무런 권리도, 책임도, 참여 기회도 없는 '실체 없는 분류 코드'로서만 다루겠다는 입장을 밝힌 셈이다.

그렇다면 과연 '여성'은 무엇이며, '양성평등', '성평등'은 무엇을 의미하는 것일까? 성소수자는 정말 양성평등과 아무런 관련이 없으며, 여성의 권리와 성소수자의 권리는 동떨어진 것일까?

"나는 여성이 아닙니까?"

1851년 수많은 대중 앞에서 이런 질문을 던진 흑인 여성이 있었다. 이날은 오하이오 주에서 여성 권리를 위한 집회가 열린 날이었다. 당시 노예제 폐지 운동에 함께하던 여성들은 헌신적이고 열정적인 활동에도 여성이라는 이유로 조직에 가입할 자격조차 얻지 못했다. 그래서 이들은 노예제 폐지와 성차별 폐지를 함께 요구하며 싸우고 있었다. 이날도 남성들은 집회에 모인 여성들에게 야유를 퍼부었다. 그런데 집회 도중 한 흑인 여성이 발언을 하려고 나섰다. 오랜 세월 노예 신분이었다가 1827년 겨우 뉴욕 주 법에 따라 자유를 얻고 전국을 다니며 노예제 폐지 운동을 해왔던 소저너 트루스였다. 하지만 백인 여성들은 가뜩이나 야유가 쏟아지는 판에 흑인 여성이 나서면 더 분위기가 안 좋아질까

봐 그녀를 말리려고 했다. 그런데 그녀는 당당하게 앞으로 나가 이렇게
말했다.

여러분, 이렇게 야단법석인 곳에는 뭔가 정상이 아닌 게 있음이 틀림
없어요. 내 생각에는 남부의 검둥이와 북부의 여성 모두가 권리에 대
해 얘기하고 있으니 그 사이에서 백인 남성들이 곧 곤경에 빠지겠군
요. 그런데 여기서 얘기되고 있는 건 전부 뭐죠?
저기 저 남성이 말하는군요. 여성은 탈것으로 모셔드려야 하고, 도랑
은 안아서 건너드려야 하고, 어디에서나 최고 좋은 자리를 드려야 한
다고. 아무도 내게는 그런 적 없어요. 나는 탈것으로 모셔진 적도, 진
흙 구덩이를 지나도록 도움을 받은 적도, 무슨 좋은 자리를 받아본
적도 없어요. 그렇다면 나는 여성이 아닌가요? 날 봐요! 내 팔을 보라
구요! 나는 땅을 갈고, 곡식을 심고, 수확을 해왔어요. 그리고 어떤 남
성도 날 앞서지 못했어요. 그래서 나는 여성이 아닌가요? 나는 남성
만큼 일할 수 있었고, 먹을 게 있을 땐 남성만큼 먹을 수 있었어요. 남
성만큼이나 채찍질을 견뎌내기도 했어요. 그래서 나는 여성이 아닌
가요? 난 열세 명의 아이를 낳았고, 그 아이들 모두가 노예로 팔리는
걸 지켜봤어요. 내가 어미의 슬픔으로 울부짖을 때 그리스도 말고는
아무도 내 말을 들어주지 않았어요. 그래서 나는 여성이 아닌가요?

(······)

저기 검은 옷을 입은 작은 남자가 말하네요. 여성은 남성만큼의 권
리를 가질 수 없다고요. 왜냐하면 그리스도가 여성이 아니었기 때문
이라고요! 당신들의 그리스도는 어디서 왔죠? 어디서 왔느냐고요?

신과 여성으로부터 왔잖아요! 남성은 그리스도와 아무런 관계가 없

었죠.

소저너 트루스는 이 짧은 연설에서 단 몇 개의 명료한 문장만으로 '여성'이라는 범주가 실은 얼마나 정치적이고 이데올로기적으로 구성된 것인지를 적나라하게 폭로했다. 흑인 노예로서 거친 노동으로 내몰때에는 아무렇지도 않게 삭제했다가, 억지로 결혼을 시키고 아이를 낳아 그 아이들을 다시 노예로 팔아넘기려고 할 때에는 강요했던 그 '여성'. 백인 여성에게는 보호와 배려라는 이름으로 포장한 채 순종을 강요하고, 흑인 여성에게는 폭력과 착취를 재생산하기 위한 수단이던 그 '여성'에 대해서 말이다.

소저너 트루스가 이 질문에서 재구성한 여성은 당시의 미국 사회에서 사람들의 머릿속에 당연하게 전제되었던 여성의 상―혼자서는 아무것도 할 수 없고, 논리적인 판단이나 중요한 결정을 할 수도 없으며, 그저 연약하고 남성으로부터 보호와 에스코트를 받아야 하는 숙녀, 혹은 가정주부로서의 백인 여성―과 그 판타지에 균열을 낸다. 그리고 이로써 '흑인 여성은 흑인 노예, 백인 여성은 백인 가정주부'로서의 규범을 공고히 유지하도록 하려 했던 백인 남성들의 기만을 조롱하며 백인 여성과 흑인 여성이 '여성'으로서 연대해야 할 조건을 역설적으로 증명해낸다.

그러나 이 연설의 맥락에서는 드러나지 않는 다른 중요한 문제가 있다. 흑인 여성과 백인 여성이 '여성임'을 공유한다고 하더라도 '흑인 여성임'은 사실 매우 다른 조건이었기 때문이다. 흑인 여성은 백인 여

성과도, 흑인 남성과도 다른 조건에 있었으며 그 근간에는 강력하고 폭력적인 섹슈얼리티의 통제가 자리하고 있었다. 백인 남성들에게 흑인 여성들은 자신들의 정복적 남성성을 확인해주는 대상이자, 동시에 흑인 남성들을 효과적으로 관리·통제하기 위한 매개였고, 무엇보다 생산적인 노예 번식을 위한 도구였다. 이런 구조에서 흑인 여성 노예들은 백인 남성과 흑인 남성 모두에 의해 강간과 폭력의 대상이 되었으며, 백인 여성들에게는 끊임없이 자신과 분리하고 경계해야 하는 대상이 되었다. 미개의 자연 상태로서 정복과 인종적 재생산을 위한 도구였던 흑인 여성들은 스스로 투쟁하며 주체성을 확보해나갔으나 현재에도 여전히 백인 사회와 흑인 사회 모두에서 '원초적이면서 동시에 위험한 섹슈얼리티'로 재현된다.

《흑인 페미니즘 사상》에서 패트리샤 힐 콜린스는 이러한 흑인 여성의 섹슈얼리티가 섹스-젠더-섹슈얼리티와 계급, 인종 등의 '여러 억압 체계를 묶는 사회적 장소'이자 '서로 맞물려 작동'하는 억압을 한데 묶어주는 '개념적 아교'라고 분석했다. 그런데 여기서 '아교'는 이 억압 체계들을 단순히 더하고 붙이는 것이 아니다. 오히려 이 억압 체계들이 복잡하게 교차하며 형성되고, 다시 변화하는 어떤 지점이라고 볼 수 있을 것이다. 때문에 '여성'이라는 카테고리로 같이 묶일지라도 '백인 여성'과 '흑인 여성'의 여성으로서의 경험과 자기 인식, 주체성은 다른 차원의 것이 된다. 즉, '흑인 여성임'은 그 자체로 하나의 존재이자 동시에 사회적 조건에 따라 끊임없이 구성되고 구성하는 역동적인 상태인 셈이다.

이제 다시 소저너 트루스에게 돌아와보자. 연설의 말미에 그녀는

'여성'으로서의 자신에 대해 당당하게 이야기한다. 다른 누가 아닌, 스스로 그 의미와 자긍심을 재구성한 '여성'에 대해서. 그렇기에 흑인이자 여성으로서 던지는 "나는 여성이 아닌가요?"라는 그녀의 질문은 단지 자신을 여성으로 인정해달라는 요청이 아니다. 오히려 그녀는 "당신들이 규정하고 필요에 따라 규율하려 하는 여성의 범주에 나를 끼워 맞추지 말라", "나는 '내가 정의하는' 여성 주체로서 나의 권리를 당연히 보장받아야 한다"라고 당당하게 선언한 것이다.

그렇다면 도대체 '여성'이란 무엇인가

루소는 "국왕이든, 귀족이든, 평민이든 누구에게나 천부인권이 있으며, 저 미개한 아프리카 흑인들조차 천부인권을 가지고 있지만 여성만은 예외다. 그러므로 여성은 교육시킬 필요도 없고, 정치에 참여시켜서도 안 된다"라고 말했다. 그는 여성들이란 '남성들을 돌보고, 위로하고, 기쁘게 하며 남성들의 인생을 안락하고 기분 좋게 하는 존재'이며, 이것이 여성들의 의무고 여성들이 받아야 하는 교육이라고 생각했다. 여성의 교육받을 권리와 참정권을 주장했던 메리 울스턴크래프트는 이러한 루소의 주장을 비판하면서 "여성들도 남성들과 마찬가지로 이성을 가진 존재이며, 여성이 복종해야 할 대상은 아버지나 남성이 아니라 이성이다"라고 주장했지만 당시 그녀의 주장은 거의 불온사상 취급을 받아야 했다.

　루소의 말이 상징적으로 보여주듯, 당시 '여성'이란 애초에 신에 의해 남성에게 종속된 존재로 만들어졌으며, 따라서 그 '타고난 생물학적 조건 때문에' 그저 예민하고, 감정적이며, 합리적인 판단을 할 수 없는 존재, 즉 합리적이고 이성적이며 논리적 언어를 갖춘 '인간'으로서의 자격이 부족한 존재로 취급되었다. 하지만 "여성으로 태어난 것이 아니라 여성으로 만들어지는 것"이라는 시몬 드 보부아르의 주장은 여성에 대한 정의를 변화시키는 중요한 계기를 마련했다. 그녀는 여성이 특정한 성질을 본질적으로 타고나는 것이 아니라 남성 중심의 세계에서 '타자'의 위치로 설정되어 훈육되고 길들여지며 형성되는 것이라고 주장했다. 그리고 보부아르의 이런 생각은 이후 '젠더' 개념을 둘러싼 다양한 논쟁들을 통해 더욱 진전되었다. 이제 앞서 언급했던 여성의 특징들은 '본질적'이고 '변화 불가능한' 것이 아니라, 사회적 조건에 따라 얼마든지 다르게 형성될 수도 있으며 바뀔 수도 있는 것이라고까지 생각할 수 있게 된 것이다.

그렇다면 과연 '생물학적이고 본질적인 성별로서의 여성'이라는 범주는 어디까지라고 할 수 있을까? 이제는 누구나 '섹스는 생물학적인 성이고, 젠더는 사회적인 성이다'라는 정의를 마치 답안지에 적어낼 정답처럼 이야기하지만, 이를 구분하는 것은 생각보다 쉽지 않다. 우리 성별을 구분하는 기준 중에서 '생물학적으로 이미 결정된 것'과 '사회적으로 구성된 것'을 명확히 구분할 수 있는 것은 과연 얼마나 있을까?

일례로, 성별을 결정짓는 생물학적인 기준으로 흔히 염색체나 호르몬을 이야기하지만 사실 과학은 아직까지 염색체나 호르몬 연구를 통해서도 무엇이 논리적 모순 없는 결정적 요인인지 답을 내리지 못했다. 또는 생식기의 모양이나 가슴, 근육 등 신체적인 외양을 근거로 내세우지만, 이 역시 결정적인 요인이라고 할 수 없다. 우리는 이미 여성 생식기를 지니고 있다 해도 가슴은 그리 크지 않다거나, 가슴보다 어깨와 근육이 더 발달한 여성들을 많이 알고 있지 않은가. 그런가 하면 질병이나 사고 등으로 가슴 절제, 자궁 적출 등을 하게 되었을 때, 완경을 맞이하게 되었을 때 여성으로서의 삶이 다 끝난 것처럼 여겨지는 것도 우리가 몸, 특히 여성으로서 재생산 역할이 부여되는 특정 신체 요건에 얼마나 큰 상징성을 부여하고 있는지를 생각하게 해보는 지점이다. 혹은 특정 호르몬의 특성을 남성적이라거나 여성적인 것으로, 이분법적으로만 구분한 기준 자체가 이미 사회적인 것이라고 할 수도 있지 않을까?

남성들이 많이 하는 머리 모양을 할 때라든가, 남성들이 주로 입는 옷을 입고 있을 때, 호탕하게 웃고, 격한 몸짓을 할 때 우리는 여전히 '여자답지 못하다'라는 핀잔을 듣는다. 직장이나 스포츠에서 능력을 발휘하면 '여자인데 대단하다'라거나 '여자치고 훌륭하네'라는 평가를 받는다. 출산 여부나 모성애 같은 조건에 따라 여성으로서의 자격이 평가되기도 하고, 신체적 특성이나 질병, 장애, 외모 등에 따라 여성으로서의 정체성이나 섹슈얼리티 자체를 삭제당하는 이들도 있다. 일례로, 이제는 여성이라고 해서 모두 화장을 하는 것도 아니고 치마만 입는 것도 아닌데, 트랜스젠더 여성은 당연히 머리카락도 길고, 날씬한 몸매에, '여성스러운 얼굴'을 한 치마 입은 사람일 것이라고 간주되는 것은 여전히 우리가 '여성'이라는 범주 자체에 대한 고정된 생각을 가지고 있다는 사실을 보여주는 것이기도 하다. 한편으로는 '질병이나 장애가 없는 예쁜 아이를 잘 낳아 발달단계와 학업 성취 수준을 높여가며 사랑과 헌신으로 키우고, 요리와 살림도 척척 해내면서 시부모님도 잘 모시는, 직장에서도 성과를 잘 내고, 그 와중에 사치스럽지 않고 검소하게 살림도 잘 꾸리는 여자'가 '좋은 여자'로 인정받을 수 있는 현실은 오히려 강화되는 양상을 보이고 있기도 하다. 여기에 또 한 가지, '남자를 사랑하는가'라는 중요한 분류 기준이 있다. 그리고 이 모든 분류 기준들은 언제든지 필요에 따라 차별의 근거로서 활용된다. 때문에 우리는 '여성'이라는 규정을 지금 누가, 무엇을 위해 하는지 끊임없이 질문하지 않을 수 없는 것이다.

성별 이분법과 섹슈얼리티 통제, 서로 연결된 차별과 폭력의 고리들

남성에서 여성으로 성전환을 한 트랜스젠더 강은하는 〈오마이뉴스〉에 연재한 에세이[1]에서 자신이 성전환을 하는 과정에서 경험했던 차별에 대해 이렇게 표현했다.

> 가슴이 나오기 시작했다. 난 용감해져야 했다.

이 글에서 강은하는 "겉모습이 확연히 '여성의 모습'을 하게 되면서부터 나와 세상 사이의 마찰이 본격적으로 시작되었다"라고 말한다. 그런데 이 마찰은 단지 트랜스젠더라는 이유 때문에 경험한 차별이 아니라 '여성의 모습을 하게 되었기 때문에' 경험한 차별이었다. 그녀는 여성의 모습을 지니게 되면서 "지난 삶 동안 겪어본 적이 없었던, '여성의 일상'에 숨어 있던 께름칙한 시선들을 경험했다"라고 서술한다. "한

---

1 강은하, 「가슴이 나오기 시작했다. 난 용감해져야 했다」, 〈오마이뉴스〉, 2014. 11. 8.

여름 땡볕에 더워 죽겠어서 얇고 짧은 옷을 입고 돌아다닐 때면, 나의 몸을 대놓고 위아래로 훑는 아저씨들의 끈적한 시선이 나를 괴롭혔"고, 여성으로서의 삶에 적응해갈수록, "세상은 나에게 더 위험한 곳이 되고 있다는 것을 느꼈다"라고 한다. 또, 담배를 피우고 있노라면 심심찮게 그녀를 노려보는 사람들의 시선을 느껴야 했고, 때로는 "너무 쉽게 '남자 지갑이나 텅텅 비우는 나쁜 여자' 취급을 받는 게 아닐까 하는 생각을 들게 하는 경험"을 하기 시작했다. 그리고 누군가는 그녀의 외모를 언급하며 "수술하시는 김에 여기랑 여기 고치면 예쁠 것 같아요"라는 말을 아무렇지도 않게 하기도 했다. 그녀는 이 일을 계기로 미용 성형수술을 하지 않고 살겠다고 결심했다고 한다.

'여성'이라는 성별 기준에 따라오는 숱한 외모 차별과 대상화, 일상적인 폭력의 위험은 트랜스젠더 여성들에게도 예외가 아니다. 오히려 여성이기 때문에 당연히 이러이러한 몸매와 외모, 행실을 보여야 한다는 기준들은 수많은 트랜스젠더 여성들에게 더 강한 '여성다움'의 증명을 요구하고, 굳이 필요하지 않은 수술을 하도록 압력을 가하는 요구로 돌아오기도 한다. 태어나면서 부여된 성별에 따라 자신에게 기대되는 성역할과 규범들을 끊임없이 마주하고 부딪히며 스스로 자신의 성별을 재구성하는 과정은 사회가 규정해온 '남성'이나 '여성'의 기준만으로는 확정될 수 없는 것이다. 그럼에도 그 이분법 사이에서 성별에 따른 차별을 경험하게 되는 트랜스젠더 여성들의 삶은 분명 여성들의 차별적 위치와 맞닿아 있다. 이런 경험들이 과연 양성평등과 동떨어진 문제일까? 사회가 요구하는 '남자다움'의 기준의 맞지 않으면 누구라도 '여자같이 군다', '나약하다', '게이냐' 하는 비난을 받으며 학교와 사회에서 괴롭힘이나 처벌의 대상이 될 수 있는 남성들의 현실은 과연 얼마나 다른 문제일까?

한편, 남아프리카공화국에서는 '교정 강간'이 심각한 사회문제가 되고 있다. '교정 강간'이라는 명칭에서 짐작할 수 있듯, 이 범죄는 레즈비언인 여성들을 이성애자로 교정하겠다는 명분으로 벌어지는 심각한 폭력이다. 그런데 이 폭력의 대상이 되는 이들은 '레즈비언이라는 사실이 확실한' 여성들만이 아니다. 축구를 하는 여성, 남자같이 구는 여성들은 누구든 교정 강간의 대상이 될 수 있는 것이다.

이 폭력의 가해자는 특정한 범죄자들이 아니라 마을의 남자들이나 친척들, 심지어 그녀의 엄마나 마을의 목사님이 될 수도 있다. 실제로 교정 강간의 피해 연령은 점점 낮아지고 있다. 피해자 중에는 어느 날 엄마가 교회에서 모시고 온 목사님으로부터 수년간 강간 피해를 입고 그 사이에서 태어난 아이마저도 '아직 이성애자가 되지 않았으니 아이를 키울 자격이 없다'라며 빼앗긴 후 다시 다른 남성에게 보내진 이도 있다. 어떤 경우에는 지참금을 목적으로 삼촌이 자신의 친구에게 조카를 넘기고 친구는 그녀를 강간한 후 '아직 이성애자가 되지 않았다'라며 다시 돌려보내는 식으로 계속해서 강간을 당한 피해자도 있다. 이토록 심각한 상황에도 불구하고 교정 강간 문제가 쉽게 해결되지 않는 이유는 가족과 마을을 위해 끊임없이 밥을 차리고, 빨래를 하고, 아이를 낳고, 아픈 이들을 돌보는 역할을 여성들에게 전가하기 위해 여성들을 길들여야 한다는 생각이 뿌리 깊게 자리하고 있기 때문이다. 레즈비언들은 이런 사회 구조에서 '여성으로서 응당 해야 할 역할을 거부하는 여자들'이자, '남자들이 차지해야 할 여자들을 빼앗아 가는 여자들'로 간주되어 교정 강간의 대상이 된다.

남아프리카공화국은 너무 먼 나라 이야기 같은가? 한국의 레즈비언들은 온라인 커뮤니티에 여성인 척하고 잠입해 만나자고 한 후 '아우팅[2]' 협박을 하며 성폭력을 저지르는 남성 가해자들에게 시달린다. '여성적'인 외모와 행실을 요구하는 수많은 기업들은 그들의 기대와 기준에 어긋나는 여성들을 고용에서 배제하고, 일터에서도 끊임없이 여성으로서의 역할을 요구한다.

여성을 사랑하는 여성이라고 해서 이 사회에서 규정된 여성으로서 살아가는 그들의 조건과 환경이 달라지는 것은 아니다. 오히려 레즈비언인 여성들은 자신에게 요구되는 성별 규범과 성역할의 압력에 부딪히고, 여성이기 때문에 경험하게 되는 숱한 차별과 폭력을 겪으며, 동시에 '동성애자'라는 이유로 가해지는 낙인과 혐오, 폭력 속에서 끊임없이 자신을 지키기 위해 싸우며 살아가고 있다. 트랜스젠더/섹슈얼의 정체성을 지닌 이들과 레즈비언 여성들, 다양한 퀴어 정체성을 가진 이들이 경험하는 이런 차별과 폭력, 성역할의 억압은 성적 위계와 억압이 단지 남성과 여성이라는 이분법적 성별 기준과 위계만으로 이루어지는 것이 아니라 섹스-젠더-섹슈얼리티와 구체적인 성 행동에 이르기까지 촘촘하게 연결되어 있는 구조 속에서 벌어지고 있음을 확인해준다.

---

2 타인의 성 정체성을 의도적으로 알리는 일.

'성평등', 제도가 아닌 구조의 문제에서 접근하기

남성과 여성이 상호 배타적인 두 범주라는 생각은, 실재하지 않는 "자연적" 대립이 아닌 다른 어떤 것으로부터 나왔음에 틀림없다. 배타적인 젠더 정체성은 자연적 차이를 표현하는 것이 아니라 자연적 유사성을 억압하는 것이다. 그것은 억제를 필요로 한다: 남성들에게 있어서는 "여성적" 특성들의 모든 특수한 형태를, 여성들에게 있어서는 "남성적" 특징들의 모든 특수한 정의를 억제해야 하는 것이다. (⋯⋯) 만약 생물학적, 호르몬적 명령들이 대중적 신화만큼 압도적이었다면 경제적 상호 의존성을 통해 이성애적 결합을 보장해야 할 필요도 없었을 것이다. (⋯⋯) 노동의 성적 분업은 젠더의 양 측면 모두에 관련되어 있다―그것이 그들을 생물학적 남성과 여성으로 만들고, 이성애적으로 만든다. 따라서 인간 섹슈얼리티의 동성애적 요소에 대한 억압, 그리고 그로부터 귀결된 동성애자에 대한 억압의 규칙과 관계는, 여성을 억압하는 체계와 동일한 체계의 산물이다. (⋯⋯) 요약하자면, 우리는 레비스트로스의 친족 이론에 대한 해석으로부터 인간 섹슈얼리티의 구성에 대한 몇몇 기본적 보편성들을 도출할 수 있다. 그것은 근친상간 금기, 강제적 이성애, 그리고 두 성간의 비대칭적 분할이다. 젠더의 비대칭성―교환자와 교환물 간의 차이―은 여성 섹슈얼리티의 속박으로 귀결된다.[3]

---

3 게일 루빈, 〈여성거래: 성의 '정치경제'에 관한 노트〉 중에서. 이 부분은 국역본(《일탈―게일 루빈 선집》, 임옥희·조혜영·신혜수·허윤 옮김, 현실문화, 2015)에 실리지 않은 레이나 라이터 (Rayna R. Reiter)의 편집본《여성주의 인류학을 위하여(Toward an Anthropology of Wom-

이 글에서 게일 루빈은 '섹스/젠더 체계'라는 개념을 제시하면서 이분법적 성별 구분이 남성과 여성 사이의 위계를 만들 뿐만 아니라, 이성애 욕망을 강제하고 특정한 사회·경제적 통제 구조를 유지하기 위한 제도적 매개라는 사실을 지적한다.

이와 같은 섹스/젠더 체계를 통해 사실상 '여성'을 분류하는 기준과 규범들은 여성들이 어떤 몸과 마음을 가지고, 누구를 사랑해야 하며, 어디에서 어떤 역할을 해야 하는가를 규정해왔다. 그리고 이를 통해 여성들을 노동력 재생산을 위한 인큐베이터이자, 필요한 경우 생산 영역의 2차 노동력으로 다루어왔다. '남성' 역시 마찬가지다. 튼튼한 근육과 건강한 몸을 가지고 경쟁에서 뒤지지 않으며 경제적인 능력을 발휘하여 처자식을 먹여 살릴 수 있어야 '진짜 남자'라는 규정이 많은 남성들을 경쟁과 폭력의 스트레스 속으로 몰아넣어왔다. 이 경쟁에서 뒤처지는 것은 곧 '여성의 위치로 떨어지는 것'으로서, 심각한 두려움의 대상이 되었다. 남성 사회는 폭력을 통해 이 경쟁 대상들을 서로 길들이면서 그들의 위치를 끊임없이 재확인하고 강화한다.

중요한 것은 게일 루빈이 지적했듯이 이러한 이분법적 성별 규범에 따른 구분과 통제가 단지 '남성과 여성의 차별'로만 작동하지 않는다는 사실이다. 누가 누구를 사랑하게 할 것인가, 어떤 이들이 어떤 형태의 가족을 구성하고 유지하도록 할 것인가, 사회적 필요에 따른 자녀 수를 몇 명으로 하고 어떻게 이를 통제·관리할 것인가, 어떠한 노동력으로 기르고 교육할 것인가, 누가 임금노동을 하고, 누가 결정권을 가

en)》(Monthly Review Press, 1975)에 수록된 글에서 인용한 것이다.

질 것인가, 누가 종교 지도자로서의 자격을 가질 것이며, 누가 정치를 할 것인가, 누군가가 돌봄을 필요로 할 때 누구에게 그 역할을 맡길 것인가, 누가 무엇을 소비하게 할 것인가 등의 모든 문제가 성별 규범과 성역할 통제를 근간으로 이뤄져왔기 때문이다. 따라서 성별의 구분과 그에 따른 통제는 결국 정치, 경제, 노동, 복지, 교육, 의료 같은 사회 모든 영역을 관통하는 문제다. 또한 이를 통해 노동의 위계, 생산과 재생산의 위계, 가치의 위계를 만들어내기에 성차별만이 아니라 인종차별, 장애 차별 등 수많은 차별의 고리와도 연결된 문제일 수밖에 없다. 그러므로 성평등은 단지 여성과 남성의 물리적 평등을 의미하는 것이 아니라 성별 규범에 따른 통제를 근간으로 유지되어온 이 사회의 모든 구조를 건드릴 수밖에 없는 문제가 되는 것이다.

성소수자에 대한 차별과 폭력은 이러한 성적 규범과 성역할, 나아가 성적 욕망을 통제하는 시스템의 한가운데에 있는 문제이며, 따라서 성적 지향과 성별 정체성에 따른 기준과 규범을 가로지르는 성소수자들의 위치야말로 성평등을 실현하기 위한 핵심적인 질문 한가운데에 놓여야 하는 것이라고 할 수 있다. 또한 이는 '성평등'이 단지 제도적 차원에서 고려될 것이 아니라 이 사회의 근간을 이루고 있는 성적 구조들을 재설정하는 차원에서 고려되어야 하며, 따라서 사회 전 영역에 '성평등'의 문제의식이 적용되어야 한다는 점을 보여준다.

'여성', 새롭게 구성하고 서로를 연결하기

'젠더'와 '섹슈얼리티' 모두가 '물적 생활'의 일부가 되는 이유는 이것들이 성적 노동 분업에 복무하는 방식 때문만이 아니라, 규범적 젠더가 규범적 가족의 재생산에도 복무하기 때문이라는 점에 주목해보자. 즉 섹슈얼리티의 사회적 장을 변혁하기 위한 투쟁이 정치경제의 핵심이 되는데, 그 이유는 이 투쟁들이 무급 착취 노동의 문제와 직접적으로 연결될 수 있기 때문만이 아니다. 그것은 인간들의 사회적 재생산과 재화의 재생산 양자를 포함하기 위하여 '경제적인' 영역 자체를 확장하지 않고서는 이 투쟁들을 제대로 이해할 수 없기 때문이기도 하다.[4]

사실 지금까지의 양성평등, 여성 의제와 정책들은 상당 부분 '보편적'이라고 가정되는 여성과 남성(하지만 일부인, '이성과 결혼하고[결혼할 것이고], 자녀를 양육하는[양육하게 될] 비장애인 시스젠더[5] 중산층 한국 태생)의 상황을 전제로 구성되어왔다. 가정폭력, 성폭력, 성매매, 성차별, 성적자기결정권, 성교육, 가족, 임신·출산·피임·낙태 등의 의제에서 LGBTAIQ[6] 주체들의 경험은 비가시화되어 있거나 아예 삭제되어 있다. 사례가 없어서가 아니라 경험이 의미화되지 않기 때문에, 적극적으로 의제화하고 드러낼 수 있는 구도나 통로가 없기 때문에 이런 경험들

---

4 주디스 버틀러, 〈단지 문화적인〉, 《불평등과 모욕을 넘어》, 케빈 올슨 엮음, 그린비, 2016.
5 성별 정체성이 자신의 지정 성별과 일치하는 사람을 가리킨다.
6 '레즈비언, 게이, 바이섹슈얼, 트랜스젠더, 에이섹슈얼(무성애), 인터섹슈얼(간성), 퀴어'의 약어.

은 단지 '성소수자'의 경험으로서만 남는다. LGBTAIQ 청소년이 겪는 가족 내에서의 폭력, LGBTAIQ 커플·가족 사이에 발생할 수 있는 폭력, LGBTAIQ가 요구받는 성역할과, 직장·사회·가족 내에서 경험하는 성차별, LGBTIQ의 성-노동 경험과 조건들은 어떻게 다른가. 이런 내용들이 앞으로 '여성'의 하위분류나 곁가지로서가 아닌 여성 정책, 성평등 정책의 근간을 이루는 내용으로서 풍부하게 교차되고, 다루어질 수 있어야 할 것이다.

앞에 인용한 글에서 주디스 버틀러는 규범적 젠더와 섹슈얼리티가 결국 규범적 가족의 재생산에 복무하며, 이를 통해 '경제적인' 영역의 근간을 이루고 있음을 지적한다. 성별 이분법을 넘어 현재의 성적 위계와 억압의 구조를 다시 파악하고 '성평등'을 새롭게 고민하는 일은, 지금까지 시스젠더-이성애자-성인-비장애-남성-가부장을 중심으로 이루어져온 가족주의와 이에 바탕을 둔 생산/재생산, 노동과 가치의 전제들을 뒤집는 방향으로까지 이어질 수 있을 것이다.

결국 "나는 여성이 아닙니까?"라는 질문은 역설적으로 이 물음을 넘어서기 위한 질문이라고 할 수 있다. 위계와 차별의 근거로서 규정지어진 여성을 넘어, 여성을 주체적으로 재설정하는 것은 성별을 분류하는 기준과 규범 자체를 해체하고 우리 각자의 것으로 재조직하는 작업이다. 따라서 페미니즘은 동일한 범주의 한 묶음으로써 여성 차별을 다루는 게 아니라 오히려 그 규정으로 통제했던 이야기들을 다시 찾아 꺼내들어 억압과 차별의 고리들을 연결하고 이 사회의 구조를 새롭게 다시 짜는 작업이라고 할 수 있다.

나 역시 여성을 사랑하는 여성이다. "나는 여성이 아닙니까?"라는 질문을 던졌던 소저너 트루스의 연설을 곱씹어본다. 나에게 이 질문은 어떤 의미인가. 레즈비언 여성으로서 이 사회에서 전제된 '여성'이라는 범주와 규범의 경계를 오가며, 때로는 존재를 삭제당하기도 하는 나는, 단지 "나도 여성이다"라는 호소를 하고자 하는 것이 아니다. 오히려 소저너 트루스가 그러했듯이 이 질문을 통해 현재의 사회가 '여성'을 어떤 존재로 규정해왔는지에 문제를 제기하는 것이다. 이 질문을 통해 수많은 '여성' 범주와 그 역할의 경계를 오가는 모든 여성들 역시 규정된 의미로서가 아니라 우리 스스로가 재구성하는 의미로서의 여성을 다시 이야기하고, 또한 선언해야 할 것이다.

성노동 비범죄화, 한국에서는 안 될 일인가?

박이은실

여성문화이론연구소 운영위원이자 〈여/성이론〉 편집 주간을 맡고 있으며, 지식순환협동조합 대안대학에서 공부와 대안적 삶을 고민하는 학생들에게 페미니즘 과목을 강의하며 함께 호흡하고 있다. 경북대학교에서 사회복지학을 공부했고 말레이시아 국립대학교에서 월경에 관한 논문으로 사회학 석사학위를 받았으며 연세대학교에서 양성애에 관한 논문으로 여성학 박사학위를 받았다. 지은 책으로 《월경의 정치학》《양성애를 말하다: 12개의 이야기》(근간)《페미니즘의 개념들》(공저)《성·노·동》(공저) 등이 있고 옮긴 책으로 《퀴어 이론: 입문》《Sex Work: 성노동의 정치학》(근간) 등이 있으며, 대표 논문으로는 「로맨스 자본주의: 소비주의와 사랑의 계급화」, 「패권적 남성성의 역사」, 「성체제와 기본소득」 등이 있다. 현재 1인가구연구소를 준비하면서 지리산 자락의 작은 동네인 산내에서 사람들과 풍경들에 스며들어 살기에 애쓰고 있다.

들어가며

우리가 사는 '현대사회'라고 불리는 이 사회는 잠자리, 밥, 지식, 감정, 이야기 들어주기, 심지어 돈 자체와 신용 등 거의 모든 것이 상품이 된 사회다. 우리는 셀 수 없이 많은 익명의 사람들과 매일같이 얼굴을 부딪히며 이 상품들을 거래하고 교환하며 살아간다. 살아간다는 것은 곧 무언가를 구매하고 소비하는 행위로 점철되어 있으며, '잘산다'는 것은 구매하고 소비할 수 있는 능력을 최대치로 갖는 것의 다른 말로 이해되기도 한다. 그리고 소비할 수 있는 능력을 갖기 위해 이런 방식 아니면 저런 방식으로 자신을 고용될 만한 노동력 상품으로서 팔 수 있어야 한다. 물론 다른 이들보다 내가 더 잘 팔리게 만들기 위해 간혹 성형과 같은 필사의 상품화 경쟁을 무릅쓰기도 한다. 기본적으로 현대인의 감성은 이런 사회구조가 만들어내는, 보이거나 보이지 않는 풍경으로부터 자유롭지 않다. 서로 다르게 처해 있는 위치, 처지, 경험 등이 들쭉날쭉 차이 나는 풍경을 만들어 내기도 하지만, 현대사회가 가하는 기본적인 강제에서 완전히 자유로울 수는 없다.

성(sexuality)도 일종의 사회적 산물, 즉 이런 사회구조의 영향권 아래 구성된 역사적 산물이다. (물론 생물학적으로 성에 대한 모든 것을 설명하려는 이들도 있다. 그러나 발가락 페티시나 페티시 혐오를 생물학적으로만 설명할 수는 없는 노릇이다.) 오늘날 성에 대해 우리가 갖는 감성도 마찬가지로 역사적이고 사회적인 산물이다. 고대인이나 중세인이 성에 대해 가지는 감성과 현대인의 감성이 똑같기는 어렵다. 예전 우리 조상들은 열다섯 살에 결혼하고 자식 낳는 것(즉 성행위하는 것)을 당연하게 여겼지만, 현대 한국에서 15세는 법적 미성년자이며 미성년자의 성행위는 금지되어야 한다고 여겨진다. 고대 그리스 시민에게 이상적인 관계는 자유 시민 남성과 자유 시민 남성 사이, 즉, 남성 동성애적 관계였다. 그런 가운데 능동성과 자기 절제라는 자유 시민의 절대 덕목을 지키기 위해서는 시민 성인 남성과 시민이 될 남성(소년) 사이의 관계가 현실적으로 가장 가능하고 바람직한 관계로 여겨졌다. 여성은 제2시민, 온전한 시민의 지위를 가지지 못한 존재로 간주되었기 때문에 여성과의 사랑, 즉, 이성애는 동성애보다 열등한 것이었다. 여성은 가사 노동과 출산을 위해 존재하면 된다고 여겨졌을 뿐이었고 출산의 결과물(새로 탄생한 인간)이 출산한 당사자 여성이 아니라 남성에게 귀속되는 체제에 따라 여성의 성 또한 철저하게 남성에게 귀속되어 있었다.

성이 신분과 이를 토대로 한 자원 점유 및 상속과 밀접히 관계될수록 어떤 남자와 어떤 여자 사이의 성인지도 중요했다. 조선시대에는 처첩 제도와 서얼 제도, 그리고 기생 제도 같은 것이 있었다. 위계 구조가 수직적인 가부장적 사회에서 처의 성은 출산에 중심을 둔 것이어야 했고, 첩의 성은 출산에 무게를 덜 둔 것이어야 했다. 양반가의 처는 자신이 귀속된 남자의 다른 여자들을 '투기'하면 안 된다는 불문율을 지켜야 했고 본남편 외의 다른 남자를 두거나 남자 기생을 두는 일은 상상조차 할 수 없는 일이었다. 이 시기 성은 어떤 남성과 어떤 여성 사이의 성이냐에 따라, 그리고 남성이 여성을 어떤 '용도'로 '사용'하느냐에 따라 그 성격이 결정되었다.

남녀 사이의 성이 '자유'라는 가치와 함께 이야기되기 시작한 것은 신분사회가 무너지면서부터다. 남성 사이의 신분이 철폐되었으니 어느 누구도 어떤 남자와 어떤 여자 사이의 자식으로 태어났느냐가 더 이상 그 사람의 성이 어떻게 향유될지를 결정하는 요소가 되지 않게 되었다. 자유인들은 자유롭게 스스로 성의 향방을 결정하면 되게 되었기 때문이다.

그러나 신분제 사회가 자유와 평등을 기반으로 한 사회로 바뀌었음에도 불구하고 사람들의 감성이 체제의 붕괴 속도와 함께 변하지는 못했다. 아니, 남성 사이의 신분제는 붕괴되었으나 그 대신 남성과 여성이 일종의 신분 질서로서 작동하여 신분이 결정되는 체제가 되었다고 하는 것이 더 적절할 것이다. 여성이 딸로서, 처로서, 첩으로서, 기녀로서, 심지어 어머니로서 남성에게 귀속된 삶을 살아야 했던 기억은 오랫동안 우리 마음의 풍경과 일상생활 안에서 사라지지 않았다. 또한, 서로 평등해진 남자들은 평등하게 여성을 성적 대상으로 여길 수 있게 되었지만, 처녀성, 첫 경험, 정조, 정절 등 이전 시기 여성의 성에 부착되어 있던 성별화된 성적 관념은 지속적인 영향력을 발휘했다. 신분

사회와 가부장제의 굴레를 벗어던지고 근대 사회의 자유 개인으로 살고자 분투했던 '신여성'들에게 그들의 선각자적 의식과 활동이 아니라 '탕녀'의 이미지, 즉 성적 방종과 성적 타락 등의 이미지를 덧씌워 이들을 폄하하고 통제하려 했던 남성 지식인들의 역사를 우리는 기억한다. 자유는 남성에게만 허락된 것이었던 것이다.

그렇지만, 후기 자본주의, 후기 근대를 살고 있는 오늘날 한국 사회의 우리가 성에 대해 갖는 감성은 이와는 많이 달라졌다. 여자들은 이제 어떤 남자에게도 귀속되지 않고 오직 자기 자신에게만 귀속된 존재임을 주장한다. 굳이 종교적 이유가 없어도 평생 결혼하지 않고 혼자 살겠다는 여성들, 실제로 혼자 사는 여성이 대거 등장했고 결혼 시기도 어느 때보다 늦어졌으며 이혼율 또한 어느 때보다 높다. 한편, 통계에 따르면 첫 성 경험(대체로 이성 간 성 경험)은 10대 시기로 빨라졌고, 결혼하기 전 미리 동거해보는 것이 좋다고 생각하는 사람이 늘고 있으며, 혼전 임신에 대해서 (아직은 그 뒤 결혼한다는 전제를 달지만) 더 이상 예전만큼 쉬쉬하지는 않는다. 가까운 친구에게 성생활에 대해 허심탄회하게 이야기하고, 원만하고 즐거운 성생활을 위한 상호 코칭도 오간다. 간통죄 위헌 소송을 낸 기혼 여성이 등장했고, 공중파는 아니지만 '팟캐스트' 같은 신생 매체를 통해 성생활에 대한 자신의 호불호 경험을 노골적으로 드러내는 여성들도 있으며 남성 중심의 '이기적 섹스'를 비판하고 여성도 함께 즐기는 성에 대해 책을 쓴 20대 중반의 젊은 여성도 등장했다. 여자들은 더 이상 자신의 성에 대해 남자들이 왈가왈부할 권리가 있다고 여기지 않는다. 바야흐로 성적 자기 결정의 시대가 남녀에게 공히 도래하고 있다고 봐야 할 지경이다.

2004년, 그리고 2015년

그렇다면 이런 사회, 문화적 풍경은 상업적으로 성적 서비스가 거래·교환되는 것에 대해, 그리고 그런 서비스를 제공하는 이들(대체로 여성)에 대해 어떤 감성을 갖도록 강제할까? 성노동, 성매매, 성판매, 성구매, 매매춘 등 여러 가지 용어로 불리는 상업적인 성적 서비스 거래는 왜 이토록 여전히 우리 사회의 뜨거운 감자로 남아 있는 것일까?

한국은 지난 2004년 성매매를 범죄로 규정하고 이를 단속하기 위해 '성매매 특별법(성매매방지 및 피해자보호 등에 관한 법률)'을 제정했다. 이 법은 당시 입안을 추진하던 이들마저 놀랄 만큼 급물살을 타고 제정되었다. 또한 그만큼 이 법을 둘러싸고 첨예하게 대립했던 진영이 서로의 이야기를 충분히 들을 수 있는 기회를 갖지 못했다. 그리하여 법 시행 이후에도 '성매매'를 법으로 금지하고 '성구매자'를 '범법자'로 처벌하고 '성판매자'를 '강제로 성매매하게 된 희생자'로서 일괄 '구제'하는 내용의 법을 입안·제정한 진영과 성매매 특별법 제정 반대를 외치며 성매매 합법화를 요구한 진영, 그리고 성매매를 성노동의 측면에서 보고 비범죄화해야 한다고 보는 진영 사이에서 지속적인 논쟁이 이어졌다. 이런 와중에 성노동자 '당사자'들 중 일부가 여성가족부 장관에게 면담을 요구하는 일이 있었는데, 이들의 요구는 당사자들의 '진정한' 목소리가 아니라 '포주'들의 이해를 대변하는 것으로 일축되어 면담 자체가 불발되었다. 이에 그들은 자신의 목소리를 들으려고도 하지 않는 여성가족부는 더 이상 필요없으니 해체되어 마땅하다고 주장하기에 이른다.

그 후 10여 년이 흘렀다. 그동안 곳곳의 '집창촌'을 대상으로 대대적인 단속이 몇 차례 있었고, '탈성매매'한 여성들을 대상으로 상담과 쉼터 제공 혹은 직업 훈련 등을 지원하는 센터들이 정부 지원에 힘입어 여러 곳에 들어서기도 했다. 그리고 같은 기간 여러 집창촌 지역들이 재개발 프로젝트에 포함되어 철거되었다. 이 와중에 그곳에서 일하던 많은 여성들 중 일부는 단속을 피할 수 있는 (더욱 숨겨져 있고 따라서 더욱 열악한 환경일 수밖에 없는) 지역이나 '키스방'과 같은 신종 성매매 업종으로 옮겨갔다. 또 일부는 일본, 미국, 호주 등 해외 '원정 성매매'를 위해 한국을 떠났다.

이런 과정에서 '성매매 특별법' 제정 이후 보다 더 음성화된 방식으로 성산업이 변종되면서 성노동자들의 노동 조건은 더욱 열악해졌고 이로 인해 법의 실효성에 대한 문제 제기가 계속되어왔다. 그리고 지금까지도 성매매를 범죄화해야 할 것인지, 비범죄화해야 할 것인지 혹은 합법화하여 국가의 관리 체계 안에 두어야 할 것인지에 대한 갑론을박이 틈틈이 진행 중이다.

그런 가운데 2015년 8월 11일에는 국제앰네스티가 "성노동자들은 전 세계에서 가장 소외된 집단 중 하나이며, 차별과 폭력과 학대의 위험에 늘 노출돼 있습니다. 성노동자의 인권을 보호하고 이들이 겪고 있는 학대와 폭력을 줄일 수 있는 최선의 방법은 성노동과 관련된 모든 것들을 비범죄화하는 것입니다"라고 천명하며 '성매매 비범죄화' 요구를 결의하였다. 이에 대한 찬반 여론이 있는 가운데 같은 해 9월 23일에는 서울에서 '성매매 특별법' 제정 11주년을 맞아 수많은 성노동자들이 '성매매 특별법 폐지'를 외치며 시위를 하였다.

성매매 근절론, 합법화론, 그리고 비범죄화론

성노동, 성판매, 성매매, 매매춘 등은 같은 것을 지칭하는 말이지만 같은 뜻은 아니다. 성노동은 성적 서비스를 제공하는 행위를 노동으로 보는 입장에서 쓰는 말이다. 영어 'sex work'와 같은 뜻의 용어라고 생각하면 된다. 성판매는 성적 서비스를 파는 행위와 사는 행위를 구별해서 드러내고자 쓰는 용어라 할 수 있다. 성매매는 매매춘이라는 애매한 용어, 즉 '봄[春]을 사고파는 행위'라는 뜻 안에서 애매하게 뭉뚱그려지는 '봄'의 실체를 좀 더 명확히 하고자 쓰이는 용어로 볼 수 있다. 매매춘은 이전에 사용되어왔던 '매춘'이라는 용어가 '춘'을 사는 이의 실체를 드러내지 않은 채 그것을 파는 이만을 일방적으로 비하하는 용어라는 비판과 함께 대안적으로 제시된 용어다.

각 용어는 금전을 매개로 성적 서비스가 거래되는 행위를 어떤 방식으로 접근해야 하는지에 대해 서로 다른 정치적 입장을 담고 있다. 한국 사회 성산업의 역사는 근대 이전에 기원을 둘 만큼 짧지 않아 그만큼, 성산업, 특히, 성매매에 대해서도 여러 가지 생각들이 있다. 그중에서 가장 첨예하게 대립하는 두 가지 생각은 성매매는 범죄이며 폭력이고 따라서 근절되어야 한다고 보는 것과 성매매는 무엇보다도 성매매 현장에서 노동하는 이들, 즉, 성노동자의 입장에서 바라보아야 하며 합법화 또는 비범죄화를 통해 성노동자들이 자신들의 노동환경을 개선하고 낙인에서 벗어날 수 있는 조건을 만들어주어야 한다고 보는 것이다. 이 각각의 입장이 근절론, 합법화론, 그리고 비범죄화론이라고 명명된다.

우선, 근절론은 말 그대로 성매매 행위를 법으로 금하고, 이를 어기는 것을 범법 행위로 규정해 처벌함으로써 성매매를 근절할 수 있다는 입장이다. 2004년 한국에서 제정 시행된 '성매매 특별법'은 근절론적 입장에서 논의되고 시도된 정책의 예다. 성적 서비스를 거래하는 행위를 법으로 금지해야 한다는 근절론적 입장은 두 가지 주된 주장에 기반해 있다. 하나는 성이 상업적 거래 대상, 즉 상품이 되어서는 안 된다는 것이고, 또 하나는 여성의 성, 특히, 여성의 몸이 상품이 되어서는 안 된다는 것이다.

　모든 것이 상품이 되어 친밀한 개인 사이에서 이뤄지는 행위까지 거래 대상이 되는 자본주의 사회에 비판적인 이들은 성이 상품이 되는 것에도 반대한다. 친밀한 개인 사이의 영역은 그 영역에 남겨둬야 하고, 성은 바로 그런 사적 영역 중 하나라고 보기 때문이다. 그리고 아무리 자본주의 사회에 살기는 해도 세상에는 상품화되지 말아야 하는 어떤 영역이 남아 있기를 바라는 마음도 있다. 성을 신성한 영역 혹은 금전이 매개되지 않는 비상품 영역에 남겨두어야 한다는 입장은 일견 가장 윤리적으로 보이기도 하고 자본주의에 비판적인 것으로 보이기도 하기 때문에 주장하기에도 번듯해 보이고 지지하기에도 떳떳해서 안전하다. 성은 낮보다는 밤, 의식보다는 무의식, 논리보다는 감성의 영역에 있기 때문에 낮, 의식, 이성의 영역만큼이나 밤, 무의식, 감성의 영역을 살아내야 하는 인간이 성과 마냥 거리를 두고 살기는 쉬운 일이 아니다. 그렇기 때문에 나는 불가피했지만 너는 나빴다거나, 성 서비스를 구매한 남자들이 자기 경험을 다른 남자들과 자랑스럽게 공유하면서도 정작 자신에게 즐거움과 기쁨을 경험하게 해준 성 서비스 노동자들은 비하하고 능멸하고 혐오하는 태도를 보이는 이중 윤리와 이중생활이 지속되기도 한다.

근절론적 입장이 가진 두 번째 주장인 여성의 성 혹은 여성의 몸을 상품화하는 것에 대한 비판은 이런 이중적 혹은 상충되는 성도덕과 맥이 닿아 있다. 성별화된 이중적 성 윤리에서는 성적 서비스를 사는 남성의 행위는 남성의 재력이나 성적 능력과 결부된 것이 되고, 그들에게 성적 서비스를 파는 여성의 행위는 '윤락(淪落)' 행위로 치부되는 것을 가능하게 한다. 이 상반된 상황은 사회의 성의식이 남성의 성에는 끝없이 관대해왔고 여성의 성에는 가차 없이 무관용적 태도를 보여왔기 때문에 빚어진 것이기도 하다. 아직도 성적 서비스의 상업화에 대한 많은 남성들의 태도는 성적 서비스 영역을 '하수구' 다루듯 하는 것에 연루되어 있다. 남성의 성욕은 어쩔 수 없이 해소되어야만 하고, 따라서 이 욕구가 배출될 수 있는 공간이 불가피하게 필요하며, 일부 여성의 몸을 이런 '공간'으로 이용할 수밖에 없지 않느냐는 주장이 이 안에 들어 있다. 하수구는 불가피하게 필요하지만 아름답고 가치 높은 것으로 여겨지고 존중되는 것은 아니다. 이런 논리와 인식이 팽배한 사회에서 성적 서비스를 제공하는 여성은 언제나 '윤락녀(빠지고 몰락한 여자)'의 위치에서 벗어나기 어렵다.

한편, 구매자를 범법자로, 판매자를 자발적 의사 결정력을 상실한 피해자로 위치시키는 근절론적 입장은 이중적 혹은 상충적이라는 측면에서 앞에서 언급된 입장과 유사하지만 맥락이 동일한 것은 아니다. 특히 성적 서비스를 구매하는 남성들의 행위를 적극적으로 문제 삼고 있다는 점과 성적 서비스를 파는 여성들이 놓인 사회구조적 측면을 좀더 적극적으로 드러내려고 한다는 점에서 확연히 그렇다. 그러나 이 입장은 중산층 기혼 이성애 중심적인 기존 성 윤리 안에서 유리한 입지는 갖지만 그다지 큰 실효는 거두지 못한다. 특히 성적 서비스를 팔고자 하는 여성들, 팔아야만 하는 여성들에게 실질적으로 유효한 도움을 주지 못하는 현실과 맞닥뜨려야만 한다.

실효성 면에서 이 입장의 반대편에 있는 것이 합법화론이다. 근절할 수 없다면 합법화해서 양지로 드러나게 해 제대로 운영되도록 국가가 규제하고 통제하는 것이 바람직하다고 보는 입장이다. 이 말은 곧 국가가 각 개인 사이의 성적 거래를 서비스 생산과 서비스 소비 면에서 적극적으로 개입하여 관리하라는 말이기도 하다. 이를테면 성적 서비스 제공 영업이 허가된 특정 지역 혹은 특정 업종 혹은 특정 업소를 국가가 지정하고 이 업종에 종사하는 노동자들을 국가가 종합적으로 규제·관리하라는 것이다. 근대 국가 성립 이전의 '관기' 혹은 일제 강점기 시기의 '공창제' 같은 것이 그 예가 될 것이다.

그런데 합법화론은 다음과 같은 의문을 갖게 한다. 우선, 국가가 개인 간의 성적 거래를 규제하는 것이 바람직한가 하는 문제다. 게다가 이 규제가 성적 서비스 구매자(대체로 남성)보다는 판매자(대체로 여성)에 대한 규제 형태를 띨 가능성이 훨씬 높다는 문제도 있다. 즉 여성의 성 혹은 여성이 제공하는 성적 서비스를 남성이 구매해 소비·향유하는 경우가 절대 다수임을 감안한다면, 이 문제는 '개인의 성을 국가가 개입하여 관장하는 문제'에 더해, '여성의 성과 몸을 국가가 개입하여 관장하는 것이 바람직한가' 하는 문제로 이어진다. 국가가 남성 소비자, 구매자 입장에서 여성노동자, 판매자를 규제·관리하는 것은 바람직할 것인가? 누구를 위해 바람직하며, 누구를 위해 바람직하지 않은 것인가?

합법화론이 갖는 또 다른 문제는 '왜 여성이 성적 서비스를 팔고 남성이 그것을 소비하게 되는지'에 관계된 사회구조에 대한 문제의식을 방기하도록 만들 수 있다는 데에 있다. 또한 성노동자들이 법적 지위를 갖게 된다고 할지라도 성적 서비스를 하나의 상품으로 파는 이들, 특히, 남성에게 성적 서비스를 파는 여성들에게 가해지는 낙인 등의 문제는 함께 해결하지 못할 것이다. 이 점은 특히 앞에서도 언급한 부분과 다시 연결된다. 즉, 개인들 간의 친밀한 영역으로 남아 있어야 한다고 여겨지는 성을 서비스의 영역으로 가져와 파는 여성들은 그 사회에서 어떤 위치와 지위를 가질 수 있는가? 신분 사회에서 기녀는 개인의 선택이 아니라 신분을 중심으로 계층화된 사회구조가 강제하는 위치였지만, 자유인들의 연합체라고 할 수 있는 근대사회에서 성적 서비스를 제공하는 노동자는 '자발적' 선택이라는 미명하에 '여성-빈곤-저임금-실업-보편적 복지제도의 부재'라는 사회구조적 고리가 갖는 문제로부터 자유롭게 선택할 수 있는 위치에 있다고 여겨질 위험성이 있다. 성노동이 '쉬운' 노동, 즉, '쉽게 돈 버는' 일이라고 보는 편견도 여전히 강력하게 이들의 위치와 지위를 위협할 것이다. 정말 쉬운 일이라면 누구나 할 수 있겠지만 사실은 누구나 덤벼들지는 못하는, 즉 적어도 결코 '쉬운' 노동이 아님에도 말이다.

마지막으로 비범죄화 입장이다. 비범죄화는 개인들 사이에서 합의된 성적 행위에 그것이 비록 금전이 오가는 거래를 통해 이뤄지는 것이라 할지라도 국가가 개입해서는 안 된다는 입장을 견지한다. 혼인 관계 내의 개인들이 성적 행위를 하든 말든 국가가 그 관계에 개입해 성행위와 이에 수반된 여타 관계와 거래를 규제하지 않는 것처럼, 각 개인에게 처리 여부를 맡겨놓으라는 것이다. 누가 어느 곳에서 언제 성 서비스를 제공하거나 받고, 이에 대해 어떤 거래를 할 것인지는 기존에 존재하는 형법이나 민법에 위배되지 않는 한에서 결정하면 된다는 입장이다.

성적 서비스를 제공하는 이들을 노동자로 보는 입장, 즉 '성노동'론은 비범죄화론과 상당 부분 만난다. 이 입장은 성적 서비스를 제공하고 이에 대한 금전적 대가를 받음으로써 생계를 유지하는 이가 있다면 이들은 성적 서비스 노동을 함으로써 생계를 유지하는 노동자로 볼 수 있으며, 일단 노동자의 지위를 사회적으로 인정받게 되면 이 일을 통해 생계를 이어가는 이들이 자신의 노동조건 등을 개선할 수 있는 여지와 협상력을 갖게 될 것이라 본다. 자립 노동(혹은 자영)이 아니라 에이전시에 소속되어 일하는 이들이 에이전시와의 계약 조건을 협상할 때 노동자로서의 지위는 더욱 중요해진다. 동일하지는 않지만, 연예 기획사에 소속되어 있는 연예인(연예 노동자)을 생각해보면 유사하게 이해될 수 있을 것이다.

배고픔은 생체적인 현상이지만 밥을 먹는 행위는 사회문화적인 것이듯, 성적 욕구는 일견 생물학에 관련된 일인 듯 보이지만 사실 그것이 일어나고 해결되는 과정은 절대적으로 사회문화적인 것이다. 그렇기 때문에 성은 무엇보다도 정치적인 사안이다. 무엇을 욕망하고 왜 욕망하고 어떻게 성취하고 그 결과 어떤 평가를 받게 되고 그 평가에 따라 어떤 결과가 일어나는지 등은 몸의 일이 아니라 사회와 문화 그리고 경제의 일이기 때문이다. 또한 이 문제는 무엇보다 한국 사회에 여전히 만연해 있는 '성=여성≠인간 / 성≠남성=인간'이라는 관념 공식과 밀접히 연관되어 있다. 이 관념은 남성은 인간이며 성적 주체고 여성은 남성에게 필요한 성적 대상이며 남성과 동등한 인간이 아니라는 인식을 보여주는 것이다. 이것은 왜 '성매매'에서 성적 서비스를 '사는 사람'의 절대 다수가 남성이고 '파는 사람'의 절대 다수가 여성인지, 왜 여성이 아닌 혹은 아니라고 여겨지는 이들의 성노동은 상대적으로 비가시화되거나 유사한 맥락에서 전면적으로 다뤄지지 않는지 등과도 연관되어 있다. 또한, 여성과 남성의 성에 대한 이중적 잣대와 여성이 성적 주체로서가 아니라 성적 대상으로서 존재하길 원하는 남성 중심적 환상과도 당연히 긴밀히 연관되어 있다. 만연해 있는 이러한 남성 중심적 환상은 여성이 남성에게 사회·경제적으로 의존하는 체제, 남성이 하는 노동에 대한 대가보다 여성이 하는 노동에 대한 대가가 아예 없거나 동등하지 않은 체제를 만들고 유지한다.

이런 맥락에서 '성매매'의 문제를 '남자의 성욕은 자연스럽고 북돋아줘야 하거나 적어도 용인해줘야 하는 것이므로 남자의 성욕을 풀 수 있는 장이 반드시 있어야 한다'라는 식의 주장으로 설명하려는 것은 처음부터 잘못된 방향 설정임을 주지해야 한다.

한편, 성 자체에 대한 부정적 태도 역시 성매매 문제를 있는 그대로 놓고 살피지 못하게 만든다. 수많은 섹스리스 부부와 수많은 러브호텔들과 온갖 종류의 성매매 혹은 유사 성매매 업소들과 산업들이 공존하는 한국 사회의 풍경은 성을 부정적으로 보면서 또한 절실한 문제로 보는 모순된 태도와 연결되어 있다.

성노동에 대한 10문 10답

이 문제들을 직시하며 성매매에 대한 편견과 성노동 비범죄화 주장에 대한 오해들에 대해 몇가지 예들을 다음과 같이 정리해보고 오해를 풀어보고자 한다.

1. 사랑이 없는 성행위는 비윤리적이기 때문에 옳지 않다?

사랑이 없는 성행위가 비윤리적인지 아닌지의 문제는 그 행위가 범죄로 규정되어야 하는지 아닌지의 문제와 다른 층위의 문제다. 비윤리적이기 때문에 범죄로 규정되어야 한다는 논리는 타당하지 않다. 그 예는 주변에서 쉽게 찾아볼 수 있을 것이다.

또한, 사랑이 없는 성행위는 성매매 현장에서만 일어나는 일은 아니다. 만약 사랑과 성이 언제나 동시에 일어나는 일이었다면 '원 나잇 스탠드'라는 말은 만들어지지도 않았을 것이다. 심지어 결혼한 부부 사이에서도 애정 없는 성행위는 존재하며 과거 부모 세대에는 얼굴도 보지 않고 결혼한 후 첫 성행위를 하는 일이 비일비재하였다.

2. 금전적 대가를 조건으로 하는 성행위라서 옳지 않다?

자본주의 사회에서 사는 대부분의 인간들은 생산수단이 노동력밖에 없다. 따라서 대부분은 생산과 소득을 위해 자신의 노동력을 판매하고 그 대가로 임금을 받아 살아가야 하는 노동자들이다. 그렇기에 자본주의 사회에서는 특별한 경우가 아닌 한 타인의 노동을 무상으로 취득하지 않아야 한다. 예외적인 특별한 경우의 한 예로 교도소가 있다. 교도소에서는 범법 행위에 대한 처벌로 강제 노역을 집행하기도 하기 때문이다.

한편, 타인의 노동을 무상으로 취득하는 또 다른 경우는 '사랑'이라는 이름으로 노동이 행해질 때다. 요리, 청소, 육아, 세탁 등의 노동을 '아내'나 '어머니'가 하면 무상이고 '가사 도우미'나 '식당 주방장' 등이 하면 금전을 지불하는 것은 노동 내용의 차이 때문이 아니라 관계의 차이 때문이다. (물론 손자, 손녀를 돌보는 조부모가 자신의 자식들로부터 용돈 명목의 금전을 보상으로 받는 경우가 있기는 하다.)

유사한 이유로 '연인'이나 '배우자'와의 성행위는 주로 무상으로 이뤄진다. '준다', '해준다', '받아준다' 등의 언술로 사후 설명되는 경우에도 마찬가지다. 그러나 종종 '선물' 등의 명목으로 어느 정도의 사후 보상이 주어지는 경우도 있다. 값비싼 지갑, 가방, 시계, 자동차, 심지어 부동산이 제공되거나 상품권 또는 현금이 '용돈' 명목으로 주어지기도 한다. 그러나 우리는 대체로 그것을 성행위에 대한 보상으로 인식하지 않고 사랑하기 때문에 주고받는 호혜적 교환으로 보고 싶어 한다.

'연인'이나 '배우자'가 아닌 상대와 성행위를 할 때도 무상으로 이뤄지는 경우가 있다. '원 나잇 스탠드'처럼 성행위 당사자들 사이의 요구 내용 혹은 교환 내용이 동일할 때가 그렇다. 요구되고 교환되는 핵심은 성적 즐거움 혹은 그와 관련된 어떤 쾌락이다. 그것이 충족된 후 (혹은 어떤 이유로 충족되지 못했다 할지라도) 대체로 이 일시적 관계는 해소된다.

성매매가 이러한 행위들과 다른 것은 행위 당사자들 사이의 요구 내용이나 교환 내용이 다르기 때문이다. 성구매자가 취하고자 하는 것은 쾌락, 위안 혹은 이와 관련된 어떤 것들이고 성판매자가 취하고자 하는 것은 자신이 제공한 서비스와 교환할 수 있는, 생계에 필요한 돈이다. 성매매 특별법과 같은 법이 규제하고자 하는 경우가 바로 이 '대가'다. 그렇다면 성판매 여성이 무상으로 서비스를 제공하면 문제가 되지 않는 것일까? 그렇다면 그것은 성판매자에게 이로운 것인가 아니면 성구매자에게 이로운 것인가?

3. 쉽게 버는 돈이기 때문에 옳지 않다?

옳지 않다고 여겨지는 모든 행위가 범죄행위가 되는 것은 아니다. 과식이나 과소비 등은 옳지 않은 행위로 볼 수 있지만 범죄행위는 아니다.

한편, 쉽게 버는 돈의 예는 오히려 상속이나 은행 이자, 부동산 임대 수익에서 찾을 수 있다. 성노동은 결코 쉽게 돈을 벌 수 있는 성질의 것이 아니다. 많은 사전 준비와 몸을 다치지 않기 위한 정교한 기술과 감정 노동 등이 필요하다. 한국 같은 국가에서는 극심한 사회적 낙인과 열악한 노동조건 또한 감당해야 한다. 성구매자와 알선업자와의 협상 또한 지속적으로 해내야 하는 일이다. 상속이나 은행 이자 받기는 쉬운 일이기 때문에 누구나 하고 싶어 할 수 있고 또 기회가 되면 누구나 할 수 있는 일이지만 성노동은 결코 그렇지 않다.

4. 몸을 파는 일이기 때문에 옳지 않다?

몸을 팔아 돈을 버는 일은 자본주의 사회에서 임금을 받는 노동자라면 모두가 하는 일이다. 공장 노동자는 공장 안에, 사무직 노동자는 사무실 안에, 연예 노동자는 연예 활동 안에, 운동선수는 경기장 안에 자신의 몸을 한정하고 정해진 시간 동안 혹은 합의된 시간 동안 행동과 행동반경을 통제당한다. '근무지 무단이탈'이라는 말은 그래서 존재한다.

장기나 혈액을 파는 것은 말 그대로 몸을 파는 일이다. 이 경우 팔려 나간 몸은 다시 되돌아오지 못한다. 몸을 팔았기 때문에 생명 자체에 지장을 받을 수도 있다. 그렇기 때문에 장기 매매같이 실제로 몸을 파는 행위는 법으로 금지되어 있다.

성노동은 정해진 시간 혹은 합의된 시간 동안 특정한 공간에 한정되어 특정한 일을 한다는 측면에서 장기 판매자의 경우가 아니라 공장 노동자, 사무직 노동자, 연예노동자, 운동선수 등과 동류다. 공장 노동자, 사무직 노동자, 연예 노동자, 운동선수 등이 파는 것이 자신의 몸의 일부가 아니라 자신의 지력, 기술, 재능이라고 할 수 있다면 성노동자가 파는 것도 마찬가지로 봐야 한다.

5. 쉽게 벌어 쉽게 쓰는 돈이기 때문에 옳지 않다?

쉽게 버는 돈일 수 없다는 말은 앞서 하였다. 쉽게 쓰는 돈이라는 생각에 대해서는 우리가 어디에 돈을 쓰는지를 먼저 생각해보자. 우리가 돈을 써야 할 곳은 우리가 정한다. 누구는 화장품을 사고 누구는 쌀을 산다. 누구는 해외여행을 하고 누구는 책을 산다. 누구는 저축을 하고 누구는 보험을 든다. 개인은 각자가 필요하다고 생각하는 곳에 자신이 번 돈을 사용한다. 화장품을 샀다고 비난할 수도 쌀을 샀다고 비난할 수도 없는 일이다.

그렇다면 왜 성노동으로 번 돈이 어디에 쓰일지에 대해서 우리는 특별히 예민한가? 그 돈으로도 누군가는 쌀을 살 테고 누군가는 병원비를 낼 테고 누군가는 학교를 다닐 테고 누군가는 해외여행을 갈 것이다. 성노동이 아닌 다른 노동을 통해 번 돈을 각자의 필요에 따라 쓴다고 비난받지 않아야 한다면 성노동을 통해 번 돈을 각자의 필요에 따라 쓰는 것 때문에 특별히 비난받을 이유 또한 없어야 한다.

6. 열악한 일이기 때문에 하면 안 된다?

열악한 노동환경이 노동을 하지 말아야 할 이유가 되지는 않는다. 노동환경이 열악하다면 노동환경을 개선하는 게 맞다. 멸치잡이 배에 잡혀가 강제 노동을 하게 된 사람이 있을 때 우리는 강제 노동을 문제 삼지 멸치잡이 노동을 문제 삼지 않는다. 제철소 용광로에 사람이 산 채로 빠져 사망했다고 제철소 노동을 불법화하지도 않는다. 문제는 언제나 노동조건과 노동환경 개선이 중심이 된다. 그렇다면 왜 성노동에는 같은 논리가 적용되지 않는가?

성노동자들의 노동환경이 열악한 까닭은 다른 노동환경이 어떻게 개선되어왔는지를 돌이켜보면 어렵지 않게 알 수 있다. 서울의 구로공단은 1960~1970년대에 열악한 노동환경과 저임금으로 악명이 높았다. 노동자들은 변변한 쉬는 시간이나 점심시간은커녕 화장실 가는 시간까지 눈치를 봐야 할 만큼 열악한 노동조건에서 일해야 했다. 이처럼 열악한 노동환경이 개선된 것은 그 일터에서 일하던 노동자들이 노동조합과 같은 조직을 결성하고 집단적으로 노동조건 개선과 임금 인상을 노동자의 이름으로 요구할 수 있었기 때문이고 또 실제로 요구했기 때문이다. 그 결과 노동조합과 같은 조직이 튼튼하게 구성된 일터를 중심으로 노동조건 개선 효과가 나타났다.

성노동자들의 노동환경이 열악한 까닭은 무엇보다도 이들의 신분이 불법인 까닭에 공공연하게 노동조건 개선이나 임금 인상을 요구할 수 없어서 성노동자들이 단결하여 집단행동조차 하기 어려운 탓이 크다.

성노동에 대한 사회적 낙인과 성노동자 신분의 불법화는 노동조건을 열악하게 만드는 데 이용된다. 열악한 처우 속에 있기 때문에 성노동에 대해 성구매자들뿐만 아니라 성노동자 자신조차 자신이 하는 노동에 대해 긍정적인 생각을 가지기 어렵다. 그리고 이는 다시 성노동자를 폭력에 쉽게 노출시킨다. 이는 이주 노동자들이 겪는 문제와도 유사하다.

결국 성노동이 열악한 노동조건에서 이뤄지는 까닭은 성노동자들이 열악한 조건에서 일할 수밖에 없도록 만드는 성노동 외적인 요인에 있다고 봐야 한다.

7. 성노동자들은 판단 능력이 없어 포주들에 의해 조종당하는 존재들이다?

2004년, 성매매 특별법 제정을 앞두고 성노동자 여성들이 법 제정에 항의하며 여성부 장관 면담을 요청했다. 여성부는 이들이 '포주'들에 의해 강제로 동원되었다고 간주하여 면담에 응하지 않았다. 이에 성노동자 여성들은 급기야 '여성부 해체'를 주장하기에 이르렀다.

어떤 여성들이 자신의 생각을 말할 능력조차 가지고 있지 않는다는 생각은 대체 어디에 기인해 있는가? 누가 이런 결정을 내리는가? 한때 많은 남성들은 여성들이 합리적 생각과 판단을 내릴 능력이 없다고 믿었다. 이는 지금까지도 법정 등에서 여성들의 발언이 중요하고 신뢰할 만한 발언으로 여겨지지 않는 경우로 나타나고 있다. 여기서 다시 질문할 수 있다. 누가 이런 판단을 내리며 왜 그런 판단을 내리는가?

8. 성매매와 인신매매는 같은 것이다?

성매매와 인신매매는 같은 말이 아니다. 인신매매는 말 그대로 사람 자체를 거래하여 매매하는 행위다. 인신매매 행위가 성매매 알선 및 유인 과정에서 종종 벌어지기도 하지만 이는 국제결혼 알선 및 유인 과정에서도 일부 일어나는 일이기도 하고 이주 노동 알선 과정에서도 마찬가지다. 성매매가 곧 인신매매라고 보는 것은 성매매뿐만 아니라 결혼 이주, 이주 노동 등에서 벌어지는 인신매매 자체의 문제 또한 제대로 보지 못하게 만들 뿐이다.

9. 성산업 내 폭력 문제는 성매매 불법화로 해결해야 한다?

폭력은 어디에나 존재한다. 가정 폭력, 학교 폭력, 군대 폭력, 그리고 회사 폭력도 있다. 이런 폭력 문제를 해결하기 위해 가정을 해체하거나 학교를 불법화하지는 않는다. 폭력 문제는 폭력 문제 자체로 풀어야 한다. 문제가 있다면 폭력을 당했는데도 폭력으로 인정받지 못하는 데에 있다.

오랫동안 가정 폭력은 '가정 문제'로 치부되어왔다. 그러는 동안 많은 여성들이 남편이나 아버지에 의해 끔찍하게 폭행당하고 때로 살해당했다. 그런데 이 문제를 해결하기 위해 우리가 제정한 것은 '결혼 금지법'이 아니라 '가정 폭력 방지법'이었다.

마찬가지로, 데이트 강간 때문에 데이트를 불법화하지 않는다. 그런데 성산업 내 성폭력 문제는 왜 성폭력 문제로 접근하지 않는가? 성산업 내 성폭력 문제는 성폭력 문제로 보지 않는 것, 바로 그것이 성산업 내 폭력의 핵심 문제다.

10. 성노동자 운동과 반성매매 운동은 적대적 관계에 있다?

인간 사회에는 가능하다면 나는 하고 싶지 않고 지인들에게도 권하고 싶지 않은 일이 있기 마련이다. 어렵고 힘들고 사회적으로 인정받지 못하는 일일수록 그렇다. 그러나 어떤 일을 할지 말지를 선택할 자유는 누구에게나 보장되어야 하고 그런 사회일수록 좋은 사회라고 할 수 있을 것이다. 성노동을 할지 혹은 하지 않을지 또한 이런 맥락에서 결정할 수 있어야 한다. 이런 측면에서 볼 때 성노동에 주어지는 낙인이 문제지만 낙인 때문에 성노동을 계속할 수밖에 없는 것 또한 문제다. 한 성노동자 여성의 발언은 이에 대해 생각해보게 만든다.

> 저희도 처음에는 이 법 찬성 많이 했어요. 진짜 피해받는 여성들 많아요. 집창촌도 형태가 많아요. 이 법이 군산 화재 사건 계기로 생긴 거잖아요. 그런 데는 밀집되어 있고, 문을 잠그고 영업을 하고, 들어가면 휴대폰부터 압수해요. 한번 들어가면 웬만하면 못 나오는, 빚을 갚아줘도 못 나오는 그런 데예요. 그래서 우리는 이 법을 진짜 환영했다니까요. 그런 곳 단속 좀 해주라고. 그니까, 여성 단체 분들한테 진짜 말하고 싶은 거는, 본연의 자세로 돌아가서 원래 그분들의 취지대로 그런 피해 여성들을 도와주라는 얘기예요. 지금은 피해자가 아닌 우리를 상대로, '강요를 당한다, 피해를 당한다', 피해자로 만들어 버리고 있어요.[1]

---

1 「한터여성종사자연합 김문희 대표와 이선희 부대표를 만나다」. 과거 '언니넷' 홈페이지(www.unninet.net)에 게시되었던 글이나 현재 사이트에는 남아 있지 않다.

나가며

성은 인간 사회에서 가장 복잡한 문제들 중 하나에 속하는 것이라고 해도 과언이 아니다. 그렇기 때문에 '성매매', 즉, 성적 서비스를 팔고 사는 행위에 대해 이야기할 때에도 복잡하게 얽혀 있는 의미망들을 끌고 와서 이야기할 수밖에 없다. 그러나 가장 먼저 생각하고 또 가장 나중까지 생각해야 할 것은 성노동자들의 목소리를 제대로 듣고 어떤 연유로 인해 성노동 현장에 있게 된 성노동자들이 어떻게 하면 최대한 나은 환경에서 노동하며 살아갈 수 있을지를 고민하고 대안을 제시하는 일이다. 성노동 비범죄화는 그러기 위해 가장 먼저 해야 하는 일일 수밖에 없다.

2013년 7월이면 나올 것이라 예상되던 '성매매 특별법' 위헌 여부는 아직 헌법재판소에서 판결이 나오지 않고 있다. 어떤 판결이 내려지든 우리는 여전히 고민하게 될 것이다. 성노동은 앞에서 언급한 맥락보다 어쩌면 더 복잡한 맥락 안에 있기 때문이다. 그것은 윤리적 문제에서부터 생계와 노동의 문제까지, 그리고 이른바 남성 집단과 여성 집단 사이의 성 정치적 문제에 이르기까지 하나같이 중요한 문제의 핵심에 놓여있다.

여기에 더해 간신히 사적 영역과 공적 영역의 경계를 유지하는 것으로 현대 자본주의 사회가 양산하는 온갖 문제를 이겨내는 불안한 현대인들에게, 그 경계를 허물게 만들어 불안을 증폭하는 문제이기도 하다. 공적 영역, 상품화된 영역, 비인격적 영역이 우리 삶의 영역을 차지하면 할수록 우리는 최후의 보루, 마지막까지 함락되지 않는 인간성의 어떤 영역을 고수하고 싶다고 절망스러울 만큼 간절히 바라게 될지도 모른다. 그러니 이 문제는 현대를 겪어내며 삶을 살아가는 진중한 마음을 가진 누구에게나 쉬운 문제가 아님이 틀림없다.

그렇지만 적어도 몇 가지는 분명하다. 성은 그 내용과 가치가 시대에 따라 변하겠지만 인류가 사라지지 않는 한 인간사와 함께 갈 것이다. 이런 가운데 성적 서비스를 제공하며 생계 문제를 해결하는 사람들(대체로 여성들)이 있다. 한국 사회에서 이들이 최대한 안전하고 건강하게 생계 활동을 할 수 있도록, 스스로 노동조건을 개선할 수 있도록, 이들이 하는 노동이 적어도 불법으로 규정되지는 않도록 하는 것, 성노동을 비범죄화하는 것이 그럼에도 정녕 안 될 일일까?

09

성매매 비범죄화, 안 될 일이다

박은하

대학에서 역사학을 전공하고 2010년 경향신문사에 입사했다. 〈경향신문〉 사회부, 디지털 뉴스팀, 주말 기획부를 거쳐서 〈주간경향〉에서 근무 중이다. 시장에서 돈을 벌 자유와 시민으로서 존엄하게 살아가기 위한 자유를 구분하지 않아서 발생하는 문제들과, 이를 해결할 방안에 관심을 갖고 글을 썼다.

성매매에 대한 페미니즘의 접근법은 다양하다. 성매매 문제에 관심을 갖고 기사를 써오면서 지금까지 '성노동'이라는 표현을 채택한 적이 없다. 성매매 비범죄화를 주장하는 성노동 담론이 성매매 산업의 구조와 역관계를 정확하게 이해하지 못하며 다른 접근법이 문제 해결에 더 유효하다고 판단했기 때문이다. 성노동 담론은 성매매 특별법 때문에 한국에서 성매매가 어려워져 음지로 스며들었기에 국가가 성매매를 용인하고 관리해야 한다는 논지로 빠지기 쉽다. 하지만 한국에서 성매매가 어렵다는 주장은 틀렸다. 성노동과 비범죄화 담론은 성매매 종사자들의 인권에서 출발한다고 하지만, 성매매의 본질과 한국 사회에서의 현주소를 제대로 반영하지 못한다.

성매매 종사자가 성노동자라면 이들을 관리하는 포주는 무엇일까? 본인이 업소 주인이라면 고용주, '아가씨'들을 관리하는 '형님' 정도의 역할이면 화이트칼라 관리직 정도에 해당하는 걸까? 어느 쪽이든 포주의 존재를 빼놓고서는 성산업을 설명할 수 없다. 누군가 성매매를 하면 누군가는 반드시 포주가 된다. 절박한 생계형 성매매의 전형인 가출 청소년들의 성매매를 봐도 알 수 있다. 여자 가출 청소년들은 인터넷 채팅으로 '아저씨'들을 낚더라도 남자 가출 청소년들이 뒤에 있어야 돈을 제대로 받고 무사히 돌아온다고 여긴다. 이런 환경에서 남자 청소년은 어느 순간 여자 청소년의 보호자이자 갈취자인 동시에 관리자가 된다. '가출팸'이 결성되고 유지되는 유력한 방식이다. 성매매의 본질이 여기에 있다.

성매매의 핵심은 '성 경험'이 아니라 '성 경험'을 포함한 타인에 대한 지배력'을 패키지로 사고판다는 점이다. 배우자·애인과의 관계에서는 물론 원 나잇 스탠드에서도 불가능한 폭력적 성관계가 성매매에서는 가능하다. 성구매 경험자들은 "그 맛에 한다"라고 말한다. 일단 자기가 하고 싶을 때 상대방을 설득하려는 노력 없이 성 경험이 가능하다는 것 자체가 일방적 권력관계를 확인하는 첫걸음 아닌가. 거래의 속성상 판매자는 항상 위험에 처한다. 구매자 역시 사기당할 위험이 있다. 인터넷의 발달로 일대일 거래 형식의 성매매가 생겨났는데, 미국 실리콘밸리에서 이 같은 방식의 성매매 도중 성판매 여성이 남성 고객을 죽게 한 사례가 있다.[1] 관리자가 있어야 양자 모두 위험을 적당히 피할 수 있고 거래가 지속적으로 유지된다. 즉, 포주는 성산업이 고객의 신뢰를 얻고 안정적으로 굴러가도록 하는 핵심적인 시스템인 것이다. 성매매

---

1 2013년 11월 실리콘밸리의 성판매 여성이 자신의 고객에게 마약을 과다 투여해 살해한 바 있다. 이때 피해자가 당시 구글의 임원이었기에 주목받았다.(「섹스 산업 허브 된 실리콘밸리… '군대 같은 분위기 때문'」, 《경향비즈》, 2014. 7. 16.)

를 노동의 일종으로 제도화하려면 이 산업의 필수 불가결한 포주의 지위에 대해서도 명쾌히 설명해야 한다. 성매매 종사자도 임금을 받고 남을 위해 일하면 노동자니까 성노동이라는 말 자체는 틀리지 않지만, 포주를 관리직 노동자로 볼 것인지 사용자로 볼 것인지 불꽃같은 논쟁이 벌어지지 않는다는 점에서 성노동 담론은 성매매의 현실적인 구조를 반영하지 못하고 있는 것으로 보인다.

비범죄 성노동, 룸살롱에서 이미 이뤄졌다?

오늘날 표준 성노동의 모습은 홍등 켜놓은 유리문 안에서 손님을 기다리는 여성이 아니라 룸살롱에서 2차 나가는 '아가씨'들이다. 룸살롱, 단란주점, 보도방, 노래방 등 다양한 업소에서 같은 양태로 영업한다. 성매매를 성노동으로 전환해 성매매 여성 인권을 비롯한 각종 문제를 해결하려면 이 사람들이 핵심적인 대상이 되어야 한다. 또 현 성매매 특별법으로도 성매매로 규정되지 않아 처벌 불가한, 같은 이유로 노동의 대가에 대해 정확히 얼마나 지불해야 하는지 가늠조차 안 된 행위들에 대한 규정화도 필요하다. 술자리에서 성교를 제외한 성적 서비스를 통해 남성들의 흥을 돋우는 일, 예를 들면 고객이 자신의 옷 속으로 손을 집어넣을 수 있도록 한다거나, 여성의 몸에 술을 부어 그걸 핥아먹을 수 있도록 하는 행위의 노동성에 대해서도 말해야 한다. '사랑이 없는 성행위는 비윤리적이기 때문에 옳지 않다?'라는 등 앞 장에서 성매매에 대한 오해를 풀겠다고 던진 질문들은 모두 룸살롱 1차 안에서 벌어지는 행위에 대해서도 적용할 수 있다.

상술한 행위는 모두 현행법상 성매매가 아니며 따라서 범죄로 처벌받지 않는다.(경우에 따라 당사자가 고소한다면 폭행죄, 추행죄로 처벌할 수 없는 것은 아니지만, 현실적으로 고소가 어려울 뿐 아니라 룸살롱에서 늘 접대를 해왔던 여성이 고소인이라는 현실은 법정에서 대단히 불리하게 작용할 것이다.) 여기에다 성매매 종사자들이 손가락질받지 않고 충분한 노동의 대가를 받아 1차만으로 먹고살 수 있다는 가정까지 추가된다면, 성노동 담론이 꿈꾸는 세계는 '이미 이뤄졌다'라고 할 수도 있다.

그렇다면 질문해야 한다. '룸살롱 1차'의 세계는 이렇게 비윤리-비범죄의 테두리에 두어도 문제없는가. 성매매 종사자들의 인권을 위해 여기서 벌어지는 행위를 노동으로 정의한다면 어떤 규율이 가능한가. 옷을 벗으라고 지시하는 것은 괜찮지만 몸에 뭘 끼었으면 안 된다고 규정할 수 있는가. 행위의 내용은 그 무엇도 규정하지 않고 '노동시간'과 '대가'만 지키도록 하면 되는가. 평소 인간관계에선 불가능한 수준으로 상대방의 신체를 농락한 쾌감을 느낀 남성이 '노동법'과 '인권의 원리'에 따라 어느 수준 이상 여성의 인권을 심각하게 침해할 가능성 있는 행동은 자제하라는 방침을 받아들이겠는가. '2차를 강요받지 않을 권리'가 실현된다면 1차는 무슨 짓을 해도 괜찮은가. 이미 오래전 구축돼 있는 '비범죄' 성노동의 현실에서 풀어야 할 과제다. 그러나 질문조차 던져진 것을 보지 못했다.성노동 담론 및 비범죄화 논의에서 룸살롱, 단란주점, 보도방 등은 의도적으로 은폐된다. 성노동 담론을 전하는 기사에는 대부분 '집창촌'이라 불리는 성매매 업소 밀집구역 폐쇄로 생존의 위기에 내몰렸다는 여성들이 등장한다. 소위 '성노동자'들은 화장하지 않은 수수한 민낯이나 아예 가면으로 여성성을 감춘 채 등장한 사진이 주로 선택된다. 짙은 화장에 명품으로 감싼 룸살롱 여성들은 절대 전면에 등장하지 않는다. 룸살롱·오피스텔 성매매 여성도 차별과 학대 등 인권유린 위험에 노출된 것은 똑같고, 자발적 종사자들이 있는 것도 마찬가지다. 그러나 그녀들은 조명되지 않는다. 동정받기 좀 더 불리하기 때문일 것이다.

여기서 성노동 담론의 모순이 드러난다. 성노동 담론은 성매매 여성을 '피해자', '불쌍한 존재'라는 틀에 묶지 않고 '더러운 여자'로 낙인찍지도 않고, "성매매를 하며 살기를 원한다"라는 그녀들의 욕구를 인정하며, 이 틀에서 문제를 해결하자는 '운동으로서' 등장했다. 하지만 성노동 담론은 정작 가장 동정받기 쉬운 여성들을 내세움으로써 공감 효과를 노린다. 말하지 말아야 할 것(불쌍한 성매매 여성)이라고 호명함으로써 성매매 여성을 피해자의 틀에 가두지 않겠다는 운동의 원래 목적을 배반하고, 오히려 말해야 할 현 성매매의 주류에 대해서는 말하지 않음으로써 성매매 종사자의 인권에서 출발하겠다는 전제를 무너뜨리는 것이다. 2차 형태의 성매매를 의도적으로 누락한 것이 아니라면 현재 성매매 실태도 모르고 성매매 여성의 인권을 개선하겠다고 나서는 꼴이다.

성매매 특별법 이후에도 성매매를 하며 살 수밖에 없는, 그렇게 살기를 원하는 사람들이 존재한다. 역시나 우리 사회의 구성원인 그들의 인권과 생존 문제는 분명 해결해야 할 과제다. 성노동 담론은 이 문제를 풀기 위해 등장했다. 성노동 담론이 본래의 목적에 충실하려면 현실에 존재하지 않는 자유 거래 성매매 시장을 모델로 내세우는 것이 아니라, 오늘 당장 룸살롱과 보도방에서 벌어지는 광범위한 성노동 현실에서부터 접근해가야 한다.

청량리 588 등 성매매 업소 밀집 지구가 폐쇄된 이후 기존 성매매 여성들은 '보도방'이라 불리는 곳에 등록돼 이리저리 호출당하며 영업하는 처지가 됐다. 상주하는 업소에 갇혀 있는 것이 아니라 업소 밖에서 성매매를 하는 방식으로 노동 형태가 변했다. 성산업에도 정규직의 파견직 전환이 진행된 것이다. '노동'으로서 성매매의 면모다. 문제는 파견상태에서나 업소에 고용된 정규직 상태에서나 비인권적이기는 마찬가지라는 점이다. 과거 군산 성매매 업소 밀집 지구 화재사건처럼 '감금'이나 '인신매매' 문제는 과거에 더 도드라졌다. 현재의 파견형 성매매에서 종사자들은 각자가 1인 사업주나 다름없게 됐다. 여기에 예측이 불허한 다양한 성적 서비스와 변태적 요구의 수용을 포함했지만 성매매는 아닌 1차에서 어떻게, 어떤 인권과 권리를 주장해야 한다는 난감한 과제도 추가로 얻게 되었다.

이 모든 고민의 해결은 성매매를 인정하는 순간 함께 인정해야 할 포주와의 협상과 타협을 통해서만 가능하다. 성매매가 구매자와 판매자 간의 자유로운 거래를 통해 형성될 수 있다는 믿음이야말로 성매매에 대한 오해 목록 2번에 위치해야 할 것이다. 1번은 성매매는 '성 경험'만 사고판다는 생각이다. 성매매에서 성 경험은 상대방의 인권을 침해하면서 느낄 수 있는 쾌감이란 패키지 상품의 일부다. 이 산업에 포주가 존재할 수밖에 없는 이유기도 하다. 성매매의 본질을 생각해볼 때, 비범죄화된다고 해도 종사자의 인권 개선은 '룸살롱 1차'를 인권적으로 운영할 방법이 불가능하다면, 마찬가지로 요원할 것이다. 도리어 '돈을 지불했으니 뭘 해도 죄가 아니다'라는 인식만 더해질 가능성이 높다.

따라서 '성노동'이란 이름은 남발되서는 안 되며 '비범죄화' 주장은 보다 신중하게 검토돼야 한다.

글로벌 성산업과 비범죄화론의 순진한 믿음

성매매 특별법으로 국내에서 성매매가 어려워졌다는 일각의 주장은 틀렸다. 합법적으로 여성 접객원을 둘 수 있도록 한 유흥주점(룸살롱, 단란주점, 요정 등), 키스방, 보도방, 노래방, 퇴폐 마사지 업소, 이발소, 티켓 다방, 전화 채팅방, 출장 성매매용 오피스텔 등 전국 어느 동네를 가도 성매매를 할 수 있는 곳은 흔하게 널렸다. 오히려 성매매를 연상하는 것이 이상할 곳에서도 성매매가 이뤄진다. 성매매 특별법이 만들어지기 전부터 그랬다. 특별법 이후 성매매 대금이 비약적으로 높아졌다는 말도 듣지 못했다. 인터넷을 조금만 뒤져보면 업소 이용 후기도 우수수 쏟아져나온다. 어디에도 성매매가 어려워졌다는 증거는 없다. 이 사회에서 아주 예전부터 '술은 여자가 따라주는 게 제맛'이며, 룸살롱에서 여자를 끼고 호기롭게 노는 것은 남성적이고 낭만적인 일로 치부돼왔다. 특별법은 이런 사회에서 '성매매는 범죄'라는 인식을 간신히 심어줬으며 '해외 원정 성매매'에 나선 사람을 처벌할 수 있게 된 데 불과하다. 이 변화가 의미가 없는 것일까.

　독일 사회민주당은 성노동 담론에 입각해 2001년 성매매를 합법화했다. 성매매 종사자 노동조합도 있다. 그러나 이 정책은 현재 사민당 내에서도 비판을 받고 있다. 성매매 종사자들의 인권 문제를 해결하기는커녕 중부 유럽 규모로 인신매매 범죄만 늘렸다는 것이다. 인신매매의 주된 피해자는 선진국 독일 여성이 아니라 가난한 동유럽 국가 여성들이다. '타인에 대한 지배력', 즉 '마음껏 갑질할 권능'을 파는 이 업계에서 법과 노동조합으로부터 보호받는 독일 여성보다 가난한 나라에서 팔려온 기댈 곳 없는 소녀들이 상품으로서 훨씬 더 적합한 것은 당연한 일이다.

그나마 선진국 독일이기 때문에 성매매 '관리'가 가능하다고 치자. 독일에서 성매매를 경험한 남성이 해외에서 가난한 소녀들을 상대로 성매매를 하는 것을 어떻게 비판할 것인가. 독일 성매매 시장에 여성을 공급하기 위해 동유럽을 무대로 활개 치는 조직에 어떻게 책임져야 할 것인가. '성매매 합법화'를 이뤄낸 독일 여성계가 안고 있는 고민이다. 2012년 우크라이나·폴란드 유로 대회에서 우크라이나 여성주의 단체 페멘(Femen)이 대회 기간 성매매 확산 우려가 있다며 반대 시위를 한 것도 이 지역에서 인신매매를 비롯해 성매매로 인한 문제가 심각하다는 사실을 알려준다. 국경 밖 인신매매를 유발한다는 비판은 성매매 합법화의 모범 사례라는 네덜란드 암스테르담 홍등가도 피할 수 없다. 이 점은 앰네스티의 성매매 비범죄화 논의에 대해서도 반대 근거로 제기됐다. 글로벌화된 성산업은 '비범죄화' 시도가 성매매 종사자들의 인권을 높여줄 것이라는 믿음을 손쉽게 농락할 수 있다.

나아가 자국에서의 성매매 경험은 해외 여성 인권침해로 이어진다. 한국도 남의 일이 아니다. 2011년 서울대 여성연구소 10주년 기념 학술 대회에서 한국인의 해외 성매매 관련 내용이 발표됐다. 한국에서의 성매매 경험이 해외에서도 이어지며 현지 부패와 인권 문제를 심화시킨다는 내용이다. 한국인은 현지 성매매 업소를 가는 것이 아니라 한국인이 한국 스타일로 운영하는 업소에 한국인들끼리 간다. 한국에서의 관행대로 할 수 있기 때문이며, 그 관행이란 훨씬 더 폭력적이었다. 전 세계에 보기 드문 '룸살롱 1차'가 바로 그 폭력의 핵심이다. 성매매가 기업 문화의 일부라는 것을 해외에서도 증명한 것이다.

> 한국 해외법인에 근무하는 직원들은 회식을 하거나 본사에서 온 임원이나 공무원 등을 접대할 때 이러한 업소를 이용한다고 보고서는 밝혔다. 1차는 술과 노래방, 2차는 성매매가 공식처럼 돼 있다는 것이다. 보고서는 필리핀에서 심심찮게 일어나는 한국인 사업가 살해 사건의 상당수가 성산업과 관련한 이익 배분 등과 관련이 있다고 밝혔다. 러시아에서는 우즈베키스탄, 카자흐스탄에서 온 국외 이주자들이 한국인 대상 성매매에 주로 종사하며, 필리핀에서도 민다나오 등 가난한 섬 지역 출신들이 많은 것으로 나타났다.[2]

> 국내 언론은 한국인 남성의 해외 성구매 문제를 일부 관광객들의 추태 정도로만 보도해왔다. 그러나 이런 시각으로는 해외에서 문제를 낳고 있는 한국 성매매 산업의 구조를 이해할 수 없다. 성접대 관행을 없애는 게 진짜 기업의 사회적 책임이다. 한국에서 여성 접대부가 나오는 업소가 없어져야 해외에서 한국인이 운영하고 한국인이 드나드는 성매매 업소도 사라진다.[3]

2 「[한국인 해외 성매매 실태] 직원 위로한다며 단체로 2차」, 〈경향신문〉, 2011. 11. 21.
3 「해외 한국식 성매매 만연, 국내 접대 문화 때문」, 〈경향신문〉, 2011. 11. 21.

성매매, 갑질과 폭력적 섹스 경험의 제도화

성매매가 '지배력', 즉 '갑질'을 파는 산업이라면, 성구매 경험은 '갑질의 극단'을 체험하는 일이다. 유흥주점에서의 1·2차 연계 성매매가 홍등가 집창촌식 성매매를 누른 이유도 전자가 훨씬 더 다양하고 극단적인 양태의 갑질 기회를 제공하기 때문이지 성매매 특별법 탓이 아니다. 이 점을 염두에 둔다면 성매매로 이어지는 접대 문화가 우리 사회에 미치는 영향에 대해서도 질문해볼 필요가 있다. 특히 비범죄의 영역인 '룸 살롱 1차'가 룸살롱 바깥 세상에 미치는 영향은 어떠한가. '룸살롱'에서 '아가씨'를 주무르며 질펀하게 놀아본 남성이 가족과 학교, 직장에서 만나는 여성을 존중하고 그들을 평등한 동료로서 인식할 수 있을 것인가.

룸살롱에서 '아가씨'에게 '해도 되는 행위'가 장소와 대상의 한계를 벗어나서 벌어지면 성추행이다. 최근 한 지방경찰청장이 분위기를 띄운답시고 회식에서 여기자들에게 음담패설을 하고 술잔에 지폐를 말아 돌렸다 구설에 오른 일을 기억하자. 추태는 습관처럼 들러붙어 추태인 줄도 모르는 채로 저질러진다. 추태가 학습되고 용인되는 공간이 현재의 비범죄화된 성매매 공간이다. 술자리에 동석한 사람에게 성추행을 저질러놓고 "술집 아가씨인 줄 알았다"라는 되도 않는 변명을 들을 수 있는 것도 '비범죄화된 성매매 공간' 탓이 크다. 비범죄화된 성매매 공간이 광범위하게 퍼진 한국 사회에서 '동의 없이 상대방의 몸을 만지고 자신의 성적 쾌락을 위해 동원하는 행위' 자체가 도덕적으로 부끄러운 일이 된 적은 한 번도 없다. "성매매에 대한 윤리적 판단을 중지하고 하나의 직업으로서 인정하자"라는 주장이 위험한 이유다.

더욱이 룸살롱은 기업 및 관료사회의 접대 문화와 얽혀 부패의 사슬을 생산하는 공간이다. 을이 갑에게 여자를 끼고 주무를 권리를 진상하는 곳이다. 한편 폭력적 섹스를 파는 산업에서 종사자와 포주는 '폭력의 강도'를 두고 대립하는데, 포주 입장에서는 폭력을 관리·감독할 주체를 고객으로 만들어버리는 것이 가장 좋은 전략이다. 실제로 2015년 여수의 한 주점에서는 점원이 뇌사하는 사건이 발생했는데, 성매매를 거부한 피해자를 점주가 구타해 죽음에 이른 것을 주점의 단골이던 여수시 경찰, 공무원, 소방관 등이 음식물로 인한 단순 질식사로 사건을 은폐한 일이 있었다. 이는 여수로부터 두 시간 거리인 광주의 여성단체를 찾은 다른 종업원들의 폭로에 의해 밝혀졌다.[4] 부패와 성매매는 여러모로 짝패인 셈이다. 범죄화와 비범죄화 가운데 선택할 때 부패를 어떻게 다룰 것인가의 문제도 고민해야 한다.

성매매 산업이 판매자와 구매자 간의 일대일 짝짓기 시장이 아닌 이상 성매매라는 제도의 이해 관계자 역시 판매자-구매자로 한정될 수 없다. 성매매는 판매자, 구매자, 포주, 관료, 국가, 기업, 접대 문화, 여성에 대한 인식 등 사회의 각종 요소가 얽혀 만들어진 일종의 '제도'다. 성매매는 인류사와 함께해왔다고 하지만 성매매의 양태가 나라마다 제각기 다른 점이 바로 성매매가 역사와 제도의 산물임을 말해준다. 한국에서 성매매는 '일탈'이 이나라 회식·접대 문화를 통해 자연스럽게 녹아 있는 '정상적 삶'의 일부다. 이 같은 조건에서 성노동 및 성매매 비범죄화론은 의도한 바는 아니었겠지만 '성매매 근절'이 불가능하다며 '수치심'마저 갖지 않는 것을 당연하게 여기는 데 면죄부를 준다. 나아가 우

---

4 「여수 술집 여종업원 '폭행 뇌사' 20일⋯ 수사 제자리걸음」, 〈경향신문〉, 2015. 12. 8.

리 사회 깊은 편견의 경로를 타고 '국가가 성매매 여성을 관리하자'라는 일제 공창제나 한국전쟁 위안부, 미군 기지촌 운영을 연상케 하는 엉뚱한 주장으로 재생산된다. 성매매 과정에서 벌어지는 폭력을 문제시하는 것을 더 어렵도록 한다.

성매매가 본질적으로 폭력적 갑질 체험의 장인 바, 성매매 유경험자의 비율이 높은 사회일수록 청렴도는 떨어지고 인권 의식의 확산을 기대하기 어려울 것이다. 그래서 "서비스산업은 모두 인간의 상품화인데, 성매매도 그중의 하나일 뿐 다를 바 없다"라는 진술은 무책임하다. 성매매 종사자의 인권은 사회 전반의 복지 수준이 나아지고 인권 감수성이 높아지는 데서 해결의 실마리를 찾아야 한다.

다시 한 번 질문하지 않을 수 없다. 성산업 종사자들이 먹고살기 위해 해야 하는 모든 행위를 가치중립적으로 '성노동'이라 했을 때, 노동이 갑질과 왜곡된 성 인식, 배금주의와 부패를 재생산하는 역할을 한다면 어떤 선택을 해야 하는가? 갑질과 부패는 반대하면서 노동만 인정할 방법이 있는가? 그런 세상에서 인권은 개선될 수 있는가?

10

일하겠다,
그러니 돈·욕·매 앞에 평등을 허하라

홍태희

독일 베를린 자유대학교에서 경제학을 공부했고, 현재는 조선대학교 경제학과 교수로 공부하는 중이다. 관심 있는 공부 영역은 경제 변동론, 거시경제학, 여성주의 경제학, 경제 철학과 세상의 근원이다. 석사 논문은 장기 파동론, 박사 논문은 경제 위기론에 대해 썼고, 그 외에도 이런저런 글을 썼다. 대표 저서로 《여성주의 경제학》이 있다.

I. 起

멀고 깊은 우주의 한 귀퉁이에 지구라는 푸른 별이 있다. 그 별의 대장은 자신들이 죽는다는 사실을 깜빡깜빡 잊어버리는 인간족이다. 이들 인간족은 지구별을 점령한 대가로 차지한 땅과 재산을 핏줄로, 계급으로, 성별로, 피부색으로, 모시는 신의 종류로 나누기를 즐긴다. 그리고 이 기준에 따라 해야 할 일과 말아야 할 일도 나누는데, 매번 길게 설명하기도 귀찮으니 법이라는 것을 만들어 사용한다.

처음에는 이 법을 힘세거나 독한 이들이 마구 주물렀으나, 시간이 흘러 종족의 수도, 나눌 것도 많아지자 만인이 그 앞에 평등하다는 법을 제정했다. 물론 이 과정은 저절로 된 것이 아니다. 제 몫을 요구하는 평범한 이들이 끈질기게 제 권리를 찾아가며 만들었다. 그러나 인간족 세상은 여전히 미개해서 법은 법이고 현실은 현실이다. 세금 낼 평등, 벌 받을 평등은 턱 하니 주어진 데 비해, 세상을 나누어 가질 평등, 돈

(가치), 욕(표현), 매(권력) 앞의 평등은 여전히 젬병이다. 그나마도 나라마다 심하게 차이가 난다.

　세상이 캄캄한 시절에는 그런 상태로도 그럭저럭 유지되었는데, 온 세상일을 한순간에 알 수 있는 21세기의 환한 세상에는 쉽지 않다. 그러니 여기저기서 '나는 왜?' '우리는 왜?' '우리나라는 왜?' 하고 아우성이다. 여기는 기원후 2016년 지구별 동쪽에 있는 대한민국이다. 이젠 먹을 것도 제법 있고, 행색도 그리 빠지지 않는 나라에서 법과 현실의 차이가 너무 크니 여기도 곳곳에서 아우성이다. 모두가 불만이고, 모두가 억울하다. 원래 분단의 갈등이 기본인 곳에 이념 갈등, 빈부 갈등, 지역 갈등, 세대 갈등, 역사 갈등, 거기에 드디어 2015년을 기점으로 젠더 갈등도 추가되었다.

　처음 젠더 전쟁은 인터넷 전사들 사이의 국지전이었다. 이후 이런 저런 현실과 만나면서 싸움판이 커져서 점차 전면전 양상으로 발전하고 있다. 조만간 전 국민의 과거와 현재가 '여혐'과 '남혐'의 인민재판에 부쳐질 기세이다. 젠더는 인간의 조건이라서 누구도 이 전쟁에서 자유로울 수 없다.

II. 承

1. 이곳은 대한민국, 젊은 여자 사람(그중 형편이 그리 나쁘지 않은)의 삶이다

태어났다. 성별이 확인되는 순간 핑크로 치장한다. 딸 가진 부모는 비행기 탄다고 주위의 위로부터 받는다. 옹알이하면서부터 '예쁜 짓!' 구령

떨어지면 온갖 애교로 좌중을 즐겁게 한다. 중노동이다. 이렇게 커서 학교에 가면 또래 남자 사람과 동일하게 교육을 받는다. 다만 동네 아저씨나 낯선 오빠들을 조심하라는 교육은 덤으로 받는다. 착한 아저씨와 나쁜 아저씨의 구별법을 배우면서 예쁜 짓 명령에 더는 복종하지 않는다.

꿈이 무어냐고 누가 물으면 누구도 할머니 때 모범 답안인 현모양처라 답하진 않는다. 꿈이 우주 비행사든, 특전사 용사든 부모는 수능시험까지는 무조건 그래라 한다. 엄마는 딸이 자신과는 다른 삶을 살길 바라고, 아빠는 험한 세상에서 이 귀한 딸을 지킬 각오를 구국의 신념처럼 품는다. 그런데도 딸은 서서히 알게 된다. 자신이 이등 인간족이라는 사실을. 그래서 힘을 길러야 한다는 것을. 매력 있기 위해 일찍부터 화장을 하고, 능력 있기 위해 죽자고 성적에 매달린다. 집요한 성적 신공을 인정받아 여자 사람이 다니는 중·고등학교에 남자 사람들이 입학하길 꺼리게 된다. 부모도 결사적으로 딸을 밀어 대학에도 보낸다.[1]

수능을 치고 나면 여자로서 무난하게 인생 항로를 변경하고, 이리저리 원서 놀이 끝에 대학에 들어간다. 당장 신입생 환영회 때부터 성별의 차이가 돈과 욕과 매 앞의 불평등을 낳는다는 속설이 사실임을 확인한다. 물리적 힘은 잽도 안 되고, 같이 술을 마셔도 귀갓길 두려움의 종류가 다르며, 같이 연애를 해도 감당해야 할 삶의 무게가 다르고, 같이 공부를 해도 취업의 결과가 다르다. 젠더가 꿈의 실현에 걸림돌이 됨은 물론, 생명과 존엄에도 위협이 된다는 것을 몇 차례 체험한다. 세

---

[1] 2015년 현재 대학 진학률은 남학생 67.3퍼센트, 여학생 74.6퍼센트다.(통계청·여성가족부, 「2016 통계로 보는 여성의 삶」, 2016)

상은 자꾸 조심하라고, 그것이 현명하다고 가르친다. 사랑이든, 성공이든 인생에서 조심만 하고 얻을 수 있는 결과물이 별로 없음에도 꿈을 대충 얌전하게 정리하고, 몸치장도 세상이 원하는 대로 해주며, 죽자고 학점에 매달린다. 부지런히 영어 단어도 외우고 살뜰하게 봉사도 하고 악착같이 자격증도 딴다.

이런 타협에도 세상은 가상하게 보아주지 않는다. 교문 안에서는 세상의 지도자가 되라고 하더니, 교문 밖으로 나오니 무수리인 줄 모르느냐고 타박이다. 입직의 문은 높지만[2] 악착같이 넘었고, 일자리에도 지독하게 성과를 올리지만 '실력보다는 외모'라는 토할 것 같은 직장 분위기 속에서도 고분고분 찻잔까지 날라야 겨우 살아남는다. 사귀는 오빠를 아이 아빠로 승격시키는 과정에서 겪는 현실은 그야말로 대하드라마다. '돈 벌려고 너무 애쓰지 마, 넌 나만 쳐다보면 돼' 하는 왕자님은 동화책 속에나 있다. 대부분 철저히 계산기를 두드린다.

결혼 후에도 직장을 다니며 집안일도 하고, 자신의 부모에게 한 번도 하지 않던 효도를 시부모에게 한다. 일은 밀리고 아이는 울고, 출근 제때 하려면 또 다른 여자(친정 엄마) 노년을 잡도리해야 한다. 일과 육아 사이 널뛰기하며 유리 천장과 유리벽에 부딪히는 동안 세상의 경쟁에서 점점 도태되며, '직장의 꽃'에서 '직장의 시든 꽃' 처지로 전락한다. 비혼의 경우도 곤혹하긴 매한가지다. '왜, 결혼 안 하세요?' 하는 질문에 끝없이 시달리거나, 온갖 너절한 농담의 대상이 되고, 나이 좀 차

---

2 2015년 현재 여성의 고용률은 49.9퍼센트로, 남성(71.1퍼센트)에 비해 21.2퍼센트 낮다.(통계청·여성가족부, 「2016 통계로 보는 여성의 삶」, 2016)

면 유통기간 지난 식품 취급 당한다. 그렇게 애썼는데도 할머니 때 삶과 별반 다르지 않다. '돈과 욕과 매 앞에 평등을 허하라!' 우리는 억울하다.

2. 이곳은 대한민국, 젊은 남자 사람(그중 형편이 그리 나쁘지 않은)의 삶이다

태어났다. 성별이 확인되는 순간 파란색으로 치장한다. 대를 이은 귀한 몸이 되었다. 기다가 서면서 벌써 '모두 짐에게 복종하라!'를 누리게 되었다. 그 대가로 용감하고 씩씩해야 한다고 했다. 그런데 왜 그래야 하는지는 누구도 가르쳐주지 않았다. 장래희망도 억지로 멋진 걸 골라야 했다. 만만한 무엇인가를 내밀면 '남자가 쩨쩨하게'란 핀잔이 돌아오기 일쑤다. 말도 느리고 손도 무뎌 어린이집 같은 반 여자애보다 우월한 인간족이라고 자부하기 어려웠다.

커가면서 도처에 더 센 녀석들이 힘겨루기를 신청했다. 매 순간이 전쟁이고 굴욕은 일상화되었다. 사춘기 되면서 여자 사람이 등장하는 영상물들에 영혼을 점령당했다. 여신에 대한 동경이 박살이 나고, 세상이 동물적 욕망으로만 보이는 내상을 입는다. 누구와도 의논하지 못하고 인터넷 게임으로 불안을 잠재웠다. 게임 속의 적은 주인공을 괴롭히는 악당 무리만이 아니다. 영상 속에서는 널려 있지만, 현실에는 눈길한번 줄 리 만무한 그 모든 그녀들이다.

입시는 지옥 같았지만, 대학에 가면 마음껏 산다고 믿고 참았다. 대학에 갔다. 변한 것은 없다. 더 많은 불안 속에 놓이게 되었다. 자유가 있어도 돈이 없으면 말짱 도루묵이고, 눈에 들어오는 여자는 영락없이 더 센 녀석의 차지이다. 늦게 가면 어린 선임 모셔야 한다는 충고에 서둘러 군대 갔다. '남자면 당연히'라고 쉽게 말하지만 무서웠다. 총도 훈련도 기합도 공유하는 야한 것들도 다 무서웠다. 군대에서 장래를 결정하라고 하지만 하루하루는 고달프고, 무엇도 할 자신이 없다.

그렇게 제대하고 다들 하듯이 세상에 나갈 준비를 한다. 그런데 어느 것 하나 만만하지 않다. 연애도, 학점도, 영어도, 자격증도. 거기에 하수라고 믿고 싶던 여자 사람들도 강력한 경쟁자로 등장한다. 막막하고, 힘들다. 그러다가 가만히 생각하니 억울하다. 여자 사람, 저들은 군대도 가지 않고, 데이트 비용도 내지 않고, 여차하면 시집가면 된다. 그러고도 고마워하기는커녕 매사 또박또박 따진다. 필요할 때는 한없이 약한 척하더니 각종 고시에는 척척 붙는다. 점점 마음이 불편해진다.

어렵게 입직하고 기를 쓰고 일한다. 한 푼 벌지만 '흙수저' 인생은 두 푼 쓸 곳이 생긴다. 결혼, 그것은 너절한 방황으로부터의 탈출이고, 다시 황제로 등극할 마지막 가능성이다. 그러나 결혼, 현실에서 그것은 진정한 노예 생활, 돈 벌어 오는 기계 생활의 시작이다. '오빠만 믿어' 하고 공수표를 날리기는 했지만 내심 아내 덕 좀 보려고 결혼했다. 그런데 덕은커녕 한 여자가 인생에서 겪은 모든 상처를 치유해야 하고, 병아리 같은 아이들을 위해 지옥을 천당으로 만드는 의무도 짊어진다. 아웅다웅이 일상화되며, 돈에 쪼들리며 지쳐간다. 엄마 밥과 달리 아내 밥은 목에 자꾸 걸린다. 퇴근 후 누워 TV라도 볼라치면 아내의 설거지 소리가 잠시도 편히 두지 않는다. 회사에도 집에도 도처에 의무만 있다. 군대도 가고 힘든 일은 다 하고도 여자 잡는 남자로 국제적으로도 유명하고, 언론은 매일 성범죄로 도배되며, 모든 남성을 잠재적 가해자로 본다. 혹 어둑한 골목길에서 앞에 가는 여자 사람이 뒤를 의식하며 걸음을 재촉하면 '저 그런 사람 아니에요' 외칠 수도 없고, 착잡해진다. 그러니 '우리도 돈과 욕과 매 앞에 평등한 대접 받은 적 없다'. 우리도 억울하다.

III. 轉

1. 말싸움과 승패

'타인은 나의 지옥이다'라던 사르트르의 존재론을 들먹거리지 않아도 된다. 2015년 이후 대한민국 인터넷 공간에서 타 성별은 서로에게 충분히 지옥이다. 젠더 간 갈등이 가장 비겁한 형태의 전쟁으로 터졌다. 전쟁의 외양은 이렇다. 한 무리의 남자 사람들이 여성혐오를 뿌리고 나니, 한 무리의 여자 사람이 남성 혐오를 뿌린다. 삶에 대한 불안과 무의미함, 오랜 영지를 빼앗아 가는 여성에 대한 분노와 그 앞에 점점 작아지는 자신에 대한 자괴감, 삐뚤어진 신념이 익명에 기대어 짱돌을 던졌다. 선봉의 전사들에 설득된 나이 어린 소년이 IS보다 더 싫다던 여자 사람들도 이젠 더 참을 수 없다며 출전을 결단하고, 짱돌에 화염병까지 추가해서 던졌다.

한쪽이 차마 인간의 언어로 볼 수 없는 저열한 언어로 공격하자, 다른 쪽도 '우리는 그런 욕 수만 년 동안 먹었다. 그래 욕 앞에 평등하자. 너희도 먹어봐라!' 하고 오래 받아먹던 욕을 '트랜스젠더링'한 후 이자를 붙여 반사한다. 처음엔 '너흰 군대 안 가잖아' 하니, '너흰 출산 안 하잖아' 하는 정도였으나, 점점 더 강도를 더해 오랜 금기의 언어를 동원해 상대의 가장 아픈 곳을 집요하게 찌른다. 오늘도 키보드 전사들은 '나는 이렇게 아픈데 너희는 희희낙락이냐!' 분노하며 자신을 가해한 세상에 대해 복수의 언어를 날린다.

이렇게 금단의 언어가 쏟아지자 그간 감춰졌던 것이 드러났다. 언어의 지평이든, 역사의 기록이든, 시든, 농담이든, 노래든 어디에나 박혀 있는 여성혐오를 재확인하며 여자 사람은 경악을 하고, 이런 경악에 대한 이해심을 배우지 못한 남자 사람은 수만 년의 평범한 일상을 모욕당해 되레 억울해한다. 티셔츠 입은 사진 한 장에도 치기에 쓴 한 편의 시에도 분노하며 복수의 돌을 던진다. 각자의 특수한 경험이 모여 보편의 전선을 형성하자 더 많은 전사들이 나섰고, 찬성과 반대도 뒤섞였지만, 그간 덮어둔 터부들이 일시에 커밍아웃했다. 너무 아파 입에 올리기도 힘들었던 욕을 입에 올리며 여자 사람들은 고무되어 더 용감한 전사로 변하고, 누이와 여동생이 제법 '성 인지적인' 자신을 도매금으로 팔아치웠다고 분노하며 오빠와 남동생들도 반격한다. 이런 싸움에 화들짝 놀란 사회는 우려와 지지, 감탄과 분노를 쏟아내고, 이런 평가는 또 다른 혐오로 지적되어 또 다른 전쟁으로 이어진다.

승패는 쉽게 나지 않는다. 인권을 방패 삼으면 여자 사람의 승리지만, 우르르 몰려가 댓글을 달고, 우르르 몰려가 맞짱을 떠도 현실의 변화는 더디다. 억울하다. 성급하고 섬세한 영혼은 남자 사람 중심의 세상의 법칙을 견디지 못해 버지니아 울프처럼 주머니에 돌을 넣고 강으로 걸어가는 심정으로 살거나, 단말마같이 '나는 페미니스트입니다' 하고 비명을 지르든지, 인식의 한 구석을 보자기로 싸두고 그저 그렇게 살아간다. 남자라는 점 하나로 죄인이 된 남자 사람도 억울하긴 매한가지다.

2. 현실의 싸움과 승패

5·17 페미사이드, 가장 심약하지만 가장 집중된 젠더가 강남역 10번 출구에서 여자 사람을 찔렀다. 지구별 인간족은 종족을 죽이는 습성이 있으니 살인이 그리 새로운 일이 아니지만, 2016년 강남역 10번 출구는 대한민국에 젠더 현실의 기념비적 장소가 되었다. 여자라서 죽어야 했던 강남역 아가씨도 마지막까지 저항했을 것이다. 그러나 양심이나 도덕 따윈 개나 주는 상황이 전개되면, 사이버 공간의 말싸움이 아니라 현실에서의 싸움이라면 일방적인 남자 사람의 승리다. 전 세계 여성 세명 중의 한 명이 일생 동안 한 번 이상 이런 물리적 폭력이나 성범죄의 피해자가 되며, 여자 사람은 그 오랜 시간 스웨덴에서 이란을 거쳐 중국에서 우간다까지 이겨본 적이 없다.

지구별 동쪽 대한민국에서는 더더욱 남자 사람이 승자다. '살아 있는 것은 전적으로 운이 좋아서'라는 한국 여자 사람의 고백은 이 나라의 판도를 한눈에 보여준다. 2014년 현재 강력 범죄 피해자의 89.1퍼센트가 여성이고, 가정 폭력 여성 피해 발생 비율은 90.2퍼센트나 된다. 홧김에, 술김에, 어쩌다, 젊은 혈기에, 꼬리를 살살 흔드니 저지른 실수라고 치부되며 툭툭 저지르는 폭력과 위협, 희롱과 모욕으로 여자 사람에게는 하루하루가 공포와 불안이다. 친구와 아내, 애인과 동료를 가판대의 물건 취급하며 자신들의 욕망을 기준으로 평가하는 야만과, 집에서 학교에서 직장에서 버스에서 일상화된 폭력을 견디고 삭히면서, 대한민국 여자 사람들은 엄마가 될 마음을 접는다. 아이 맡길 곳 없어 절절매는 맞벌이 여성에게 일터에서는 집에 가서 아이나 키우지 하고 핀잔이고 전업주부에게는 노는 여자 딱지를 붙인다면, 그런 어머니의 일생을 지켜보는 딸은 마음으로 결혼과 아이를 접는다.

돈을 놓고 벌이는 싸움판에서도 승자는 남자 사람이다. 전 세계 어디에나 여자 사람은 적게 벌고, 적게 배우며, 적게 물려받고, 적게 가진다. 2015년 세계경제포럼은 남녀 임금격차 해소에만 앞으로 118년이 걸린다고 했다. 그나마도 세상 형편이 좋아야 가능하지 현재 같은 장기 침체면 해볼 도리가 없다. 대한민국에서는 더욱이 남자 사람이 승자다. 2015년 양성평등 성적(GGI지수)은 세계 145개국 중에 '자랑스럽게도' 115위고, 경제협력개발기구(OECD) 28개국의 여성 관련 지수중에 나쁜 것은 대충 1등이며, 임금격차는 13년째 내리 금메달이다. 세계 145개국 중에 116위를 차지한 성별 임금격차만으로도 돈을 두고 벌이는 전쟁에서 지구별 동쪽 대한민국 여자 사람은 완패다.

여자 사람은 일단 돈 벌 기회가 적다. 2016년 세계경제포럼은 한국 남자 사람 100명이 돈벌이 갈 때, 여자 사람은 56명이 돈벌이에 나선다고 발표했다. 자본주의 세상에 돈벌이 못 나선 44명 여자 사람이 어떤 대우를 받을지는 뻔하다. 일을 해도 적게 번다. 같은 일해도 남성 100원 받을 때 여성은 55원밖에 못 받으며, 여성의 생애 전체 추정 소득이 남성의 56퍼센트에 지나지 않는다. 여성 가구주 가구의 소득이 2015년 현재 겨우 2,417만 원일 때, 남성 가구주 가구는 5,435만 원으로 배가 넘게 번다. 일자리의 질도 별로다. 시간제 근로자 비율은 15퍼센트로 남성 7퍼센트의 배가 넘고, 저임금 근로자 비율도 남성 17.0퍼센트에 비해 41.8퍼센트로 높다. 2016년 현재 여성노동의 비정규직 비율은 40.3퍼센트로 남성 25.5퍼센트에 비해 높다. 대졸 남녀의 임금격차는 2011년부터 2015년 통계로 보아도 오히려 증가하고 있다. 그렇게 애쓰고, 그렇

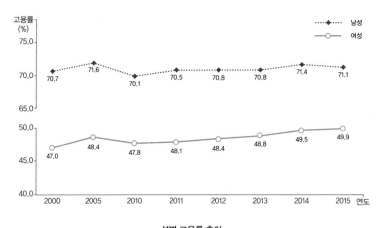

고용률
(%)

········◆ 남성
⎯○⎯ 여성

75.0

70.0　70.7　71.6　70.1　70.5　70.8　70.8　71.4　71.1

65.0

50.0　　　　　　　　　　　　　　　　　　　49.5　49.9

47.0　48.4　47.8　48.1　48.4　48.8

45.0

40.0
　2000　2005　2010　2011　2012　2013　2014　2015 연도

성별 고용률 추이

통계청, 「경제활동 인구 연보」, 2016

게 유능해졌는데도 여자 사람에 대해 시장은 꿈쩍도 하지 않는다.

대한민국 여자 사람은 가진 것도 별로 없다. 사실 대한민국에서는 소득 불평등보다 자산 불평등이 더 심하다. 2015년 여성 가구주의 순자산액은 1억 3,947만 원인 데 비해 남성 가구주의 자산은 여성의 두 배가 넘는 3억 2,079만 원이다. 오랫동안 불리했던 상속법으로 물려받은 자산도 적고, 당연하게 여겨지는 남성 대표성으로 부부가 같이 일군 자산도 대개 남편 명의다. 이러니 가난할 수밖에 없다. 자산이 없으니 대출도 어렵고, 대출이 어려우니 사업도 어렵다. 그러니 어느 식당 구석에서 허드렛일로 겨우 최저 임금을 받고 있을 수밖에 없다.

시장에서의 패배는 집안의 일상에서도 이어진다. 2016년 세계경제포럼 보고서에는 한국 남성 가사 노동은 0.8시간인 데 비해 여성은 4.6시간, 통계청 자료에는 2015년 맞벌이 가구의 가사 노동은 남성은

40분, 여성은 3시간 14분이다. 외벌이 부부는 남성은 47분, 여성 6시간 16분이다. 지난 5년간 닦달해도 대한민국 남자는 설거지를 겨우 3분 더 한다.[3] 이렇게 물리적인 힘에서든, 경제적인 힘에서든 남자 사람의 승리이고, 남자 사람의 빵이며 법이다. 젠더는 계급이고, 계급의 사다리가 돈으로 된 곳이 자본주의다. 경제적 자립을 꿈꾸기 어려우니, 정신적 자립도 어렵고, 할머니와 어머니가 그랬듯이 참고 산다. 억울하다.

3. 현실에서의 사람값과 승패

사람값의 차이에는 그 나라의 역사가 담겨 있다. 지구 별 여자 사람의 처지가 도긴개긴이라도 대한민국 여자 사람의 가치가 이리 낮은 것에는 대한민국 인권의 기록장에 적힌 가격이 그만큼이기 때문이다. 인권은 못나든 잘나든 남자든 여자든 사람대접을 해주는 것이다. 같은 일을 해도 적게 받는다면 사람값이 그만큼이고, 인권이 그만큼 지켜주기 때문이다.

사람값의 차이에는 여러 이유가 있다. 먼저 물리적 힘의 차이로 인한 능력 차이다. 능력 차이는 생산성의 차이를 낳고, 이는 돈벌이의 차이로 이어진다. 가방끈의 길이도 인적 자본 축적의 차이로 이어져서 차이를 만든다. 그러나 여성의 경우는 여기에다가 덤으로 여성이라는 조건도 작용한다. 무엇보다 결혼 여부, 자녀 여부에 따라 차이가 난다.

---

3 여성의 가사 노동 시간은 배우자의 유무에 따라 있는 경우 4시간 17분 없는 경우 2시간 28분, 맞벌이 여부에 따라 배우자와 함께 경제활동을 하는 경우 3시간 13분 배우자만 경제활동을 하는 경우 6시간, 미취학 자녀의 유무에 따라 있는 경우 6시간 37분 없는 경우 3시간 32분으로 달라졌다.(통계청·여성가족부, 「2016 통계로 보는 여성의 삶」, 2016)

20대에는 임금격차가 나지 않다가 한창 일할 나이에 M자형 노동 패턴에 따라 출산과 육아로 인한 경력 단절(2015년 기준 21.8퍼센트)을 한다. 2015년 비경제활동 인구인 한국 여자 사람 중 열에 여섯 이상이 육아와 가사, 봉양 때문에 일을 못한다고 한다. 그러곤 아이가 어느 정도 크면 외벌이론 살림이 어렵없어서 노동시장에 뛰어든다. 당연히 좋은 일자리일 리가 없다. 여성이 저임금 노동, 비정규직, 비숙련 노동을 도맡는 이유다.

　일자리에서의 사정도 여자 사람에게는 녹록지 않다. 돈 되고 힘 되는 자리로는 수직적 직급 분리가 유리 천장의 이름으로 존재하고, 같은 직급이라고 하더라도 중요한 부서로는 수평적 직종 분리가 유리벽으로 쳐 있다. 주요 직종이나 고위 직급은 발을 들여놓기 어려우니 2016년 현재 국회의원, 정부 고위층, 경영자 같은 여성 관리직 비율은 전체의 11퍼센트에 불과하다. 특히 사기업의 유리 천장은 삼중 강화유리 천장

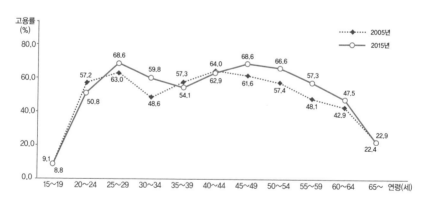

연령대별 여성 고용률. 여성 고용률은 20대 후반 가장 높았다가
출산과 육아시기인 30대에 감소하고, 40대에 다시 증가하는 M자 패턴을 보인다.

통계청, 「경제활동 인구 연보」, 2016

이라서 국내 500대 기업 여성 임원 비율은 2015년 현재 겨우 2퍼센트다. 그나마도 대기업에서 전무 이상의 여성 임원은 대부분 총수 일가인 '금수저'들이다. 이를 대변하듯 영국《이코노미스트》의 한국의 유리 천장 지수가 현재까지 내리 4년을 OECD 중에 꼴찌다.[4]

사정이 이러니 여성노동이 보건, 복지, 사회 서비스 등 저임금 돌봄 노동에 집중되고, 공급이 넘치니 저임금이다. 이리저리 진로가 막힌 여성 구직자들은 공공 부문 취업에 사활을 걸고 몰려든다. 2016년 외교관 후보 선발 시험에서 여자 사람이 압도적인 비율(70.7퍼센트)로 합격했고, 양성평등을 위해 남성 3명이 추가 합격했다면서 세상 바뀌었다고 수군거리지만, 이는 공공 부문에서야 제대로 경쟁해볼 수 있는 한국 여성 인재들의 녹록지 않은 현실을 반영하고 있기도 하다.

이러한 이유 다 제시하고도 설명되지 않는 격차는 차별 때문이다. 그리고 여러 연구에서 격차 요인의 20퍼센트가 대충 넘는다고 한다. 그러나 가만히 살펴보자. 차별은 그저 잔차항으로만 존재하는 것이 아니다. 차별로 기울어진 경기장은 늘 배경으로 있고, 경제활동을 하는 그 모든 국면마다 깊게 박혀 작동하고 있다. 얼마나 기울어졌는가는 젠더 간의 역학 관계로 결정된다. 이 역학 관계에서 분명한 약자인 여자 사람이 무조건 밀리는 것은 야만이지만, 인간 세상의 현실임이 분명하다. '여자로 태어난 죄'라는 유행가 가사가 현실이다. 현실의 경제 전쟁에서 여자 사람은 거의 완패이다. 누가 억울한가?

4 「남녀 임금 격차, 가장 큰 이유는 '그냥'」,〈경향신문〉, 2015. 5. 25.

IV. 여성주의[5], 여성주의 경제학

전쟁은 갈등의 극단적 표현이다. 여혐과 남혐의 전쟁이라고 소란을 떨지만, 현실은 언제나, 여전히 남자 사람의 일방적인 승리다. 사실 비슷한 선수가 공정한 게임의 규칙을 가지고 뛰는 경기도 아닌데 여혐과 남혐으로 맞비교할 일이 아니다. 한쪽은 생존의 문제인데 한쪽은 세상이 예전 같지 않다고 불만이면 그것은 전쟁이 아니라, 그저 염치없는 일이다. 돈 없으면 살 수 없는 세상에서 돈 쓸 때는 평등한데 돈 벌 때는 불평등하다면, 한쪽은 길을 걸을 때도, 산을 오를 때도, 연애할 때도 생명의 위협을 느끼는데, 한쪽은 늘 있던 일인데 왜 이리 소란이냐고 타박이라면 그것은 전쟁도 아니다.

기운 경기장에서의 경기인 한, 일상이든 운명이든 생물학적 결정론이든 대한민국의 현재를 정당하다고 설득할 수 없다. 억울한 쪽은 명분을 갖게 되고, 결국은 역사의 승자가 된다. 그러니 그냥 크게 여성주의를 인정하고 지지하자. 인간족의 오랜 역사가 증명하듯 '일하마. 돈, 매, 욕 앞에 평등을 허하라!'라는 명분으로 저항해서 지구별은 점점 더 여럿이 살 만한 곳이 되었다. 그래서 오늘 여자 사람들이 '우리도 일하겠다. 돈과 매와 욕 앞에 평등을 허하라!'라고 외친다면 이는 혐오할 일이 아니라 지지할 일이다. 그것만이 해답이다. '남자라서 미안하다'라는 반성문을 그저 지성의 장신구처럼 달지만 말고, '오빠가 허락한 건전한 페미니즘' 훈수도 그만하고, 그저 억울함을 인정하고, 지지하자.

그것이 특히 지구별 동쪽 끝 대한민국의 여성주의면 더더욱 지지

---

5 [편집자 주]저자의 의도에 따라 '페미니즘'이 아닌 우리말 순화 표현인 '여성주의'로 표기합니다.

하자. 아버지 세대의 행태를 그 아들 세대가 반복하며, 여자 친구 폭행하는 소리가 방송으로 중계되어 국민 모두를 패대기치는데도 가해자의 미래를 걱정해주는 곳이 대한민국이라면, 미래를 짊어질 대학생들이 재미 삼아 놀이 삼아 동기 여학생을 품평하고, 부끄럼 없이 능멸하는 것이 일상화된 곳이 대한민국이라면 이곳엔 희망이 없다.

여성주의는 드센 여자 사람들의 입간판도, 개념 찬 남자 사람들의 심심풀이 땅콩도 아니다. 여성주의는 오히려 야만적 젠더 굴레에서 여성과 남성 모두를 해방하고 인간에게도 희망이 있음을 보여주려는 마음가짐이며, 공정에 대한 기대이며, 평등을 지지할 인권의 보류라는 점에서 휴머니즘이다. 성별 간의 확 기운 운동장을 반듯하게 하지 않고는, 같은 젠더 간의, 사람과 환경 간의, 사람과 동물 간의 평화도 없다. 여성주의를 인정하지 않고는 사람 사는 세상은 없다.

일상적으로 저지르는 폭력은 결국 가해자의 삶도 파괴한다. 그러니 남녀 모두를 위해 적극적으로 여성주의를 받아들이자. 그러면 여성주의는 저절로 없어진다. 물론 자신의 그간의 삶이 부정당하고, 매도당했다고 느끼는 남자 사람의 불만도 있을 수 있다. 그러나 이런 불만은 삼키고, 용기를 내어 여성주의에 손을 내밀어 자신의 젠더를 완성해야 한다. 이런 성찰과 노력을 통해서야 대한민국 남자 사람은 물론 대한민국이 더 나아질 수 있다.

돈 앞에 평등한 세상을 만들어 남녀 모두가 행복해지는 경제를 만들려는 것이, 성장과 인간 중심 경제를 넘어 생태계 전체의 살림살이를 보살피는 것이 '여성주의 경제'라면 지지하자. 경쟁과 이윤 극대화로 범벅되어 결국 공멸의 기운이 감도는 지구별에서 성 인지적 감수성을 장착시켜, 지속 가능하고 인간·환경·가족 친화적이며 공평무사한 경제 현실을 만들어가며, 공존과 연대를 모색하는 경제 운영 방식이 여성주의 경제라면 이건 순전히 인류의 마지막 희망이다. 한 푼 더 받으려고만 소리 높이는 것이 아니라, 지나친 남성 중심이 파괴한 지구별을 다시 보듬어 살리는 일이 여성주의 경제라면 진심으로 환영할 일이다. 기운 운동장을 반듯하게 해야 우리 공동체의 미래가 있다. 여성성의 가치를 인정하지 않고는 지속가능한 경제 성장도 없고, 여성의 재생산 능력의 고귀함을 인정하지 않고는 초저출산의 늪에서 빠져나올 수 없으며, 장기 침체에서 벗어날 길도 없다. 이래서는 민족의 생물학적 미래도 없다.

기울어진 경제 이론을 반듯하게 만들고, 기운 세상을 반듯하게 펴는 경제 정책의 지휘소가 '여성주의 경제학'이라면 인정하고 장려하자. 노동시장에서의 여성 차별의 상황을 포착해서 이를 해결하려는 정책을 개발하고, 거시 경제의 세계에도 성 인지성을 장착해서 성 인지 예산을 만들며, 성 인지적인 통계와 성 인지적 지수를 개발하고, 국가 정책에 성별 영향 평가를 실시하는 시도와 노력이 여성주의 경제학이라면 격려해주자. 한시적으로 적극적 조치와 여성 할당제를 작동하고, 일과 가정의 양립을 위한 제도적 보완을 사회 전 범위에서 추진하며, 여성 친화적인 공동체와 일자리를 만들기 위한 밑그림이 여성주의 경제학이라면 적극적으로 지지하자. 그러면 남녀 모두에게 더 나은 경제가 펼쳐지고, 여성주의 경제학도 저절로 없어진다.

단 하루도 끔찍한 소식 들리지 않는 날이 없는 오늘, 깊고 긴 불황으로 전 국민이 우울한 오늘, 땅까지 흔들리며 불안을 가중하는 대한민국에서, 촛불을 들고 역사를 정리할 사명도 물려받은 젠더 전사들이여!

눈에 힘을 빼고 서로를 보자. 혐오도 사실 중노동이다. 사랑하기에도 짧은 날을 명분 없는 혐오로 죽이지 말고 한걸음 물러나 더 넓게 보자. 그러면 구의역 스크린 도어에 매달린 우리 '흙수저'의 시간을 젠더 간의 전쟁으로 탕진하는 구조가 드러난다. 그리고 그 구조의 가장 깊은 막장에 여자 사람이 있는 현실이 보인다.

전쟁이 불러일으키는 증오와 공포는 늘 기존 사회 구조를 유지하는 기능을 한다. 그러나 그 구조를 조정하는 슈퍼파워 인간족에겐 성별이 없다. 원하는 것은 다 할 수 있는 계급이다. 이 젠더를 초월한 계급을 평등과 인권, 공정과 정의로 통제하려면 분열된 그대들의 연대가 필요하다. 서로를 증오하고 죽일 듯이 싸우는 현재, 자신들이 콜로세움의 검투사들 신세는 아닌지 돌아봐야 한다. 어쩌면 여전히 돈과 매와 욕을 독점하는 이들이 만든 콜로세움에서 죽자고 싸우는 한낱 검투사일 수 있다.

여성들은 왜 '속물'이 되어야 했나

이 글은 웹진 레디앙(www.redian.org)에 실린
필자의 칼럼들 가운데 일부를 재구성한 것입니다.

엄혜진

경희대학교 후마니타스칼리지 객원 교수. 여성학 박사. 논문으로는 「신자유주의 시대 여성 자아 기획의 이중성과 '속물'의 탄생」, 「여성의 자기계발, 소명의 고안과 여성성의 잔여화」, 「운동 사회 성폭력 의제화의 의의와 쟁점: '100인위' 운동의 수용과 현재적 착종」 등이 있다.

여자라서 행복해요?

2000년 한 냉장고 광고에서 심은하가 고혹적인 자태로 말한다. "여자라서 너무 행복해요." 당신의 궁전에는 고급형 양문 냉장고가 어울린다고 속삭이듯이 조수미의 〈I dreamt I dwelt in marble halls[1]〉가 배경음악으로 우아하게 흘러나온다. 이 광고는 1980년대 말 최진실의 "남편은 여자 하기 나름이에요"만큼이나 신드롬을 일으켰다. 여성의 행복은 가정에 있다는 메시지도, 이를 상품 이미지와 연결한 광고 전략도 낡은 것이었다. 도발적인 것은 '여자라서' 뒤로 따라 나온 '행복해요'의 의외성이었다. '여자라서 안 된대요', '여자라서 힘들어요', '여자라서 불행해요'가 상투적이다. 이 상투성을 위반해서 어쩐지 부자연스러워 보이는 간단한 카피 한 문장이 강한 인상을 준 까닭은 무엇이었을까?

---

1 '나는 대리석 궁전에 사는 꿈을 꾸어요'라는 뜻.

지난 15년간 한국 사회는 남녀 할 것 없이 행복 경쟁과 성공 투쟁을 벌여왔다고 해도 과언이 아니다. 행복과 성공에 관한 논리와 방법을 제안하는 자기 계발 담론이 크게 확산된 것이 이를 방증한다. 성공한 사람들에게는 일곱 가지 혹은 여덟 가지 습관이 있다는 둥, 최고의 습관은 아침에 일찍 일어나는 것이라는 둥, 저녁형 인간 중에도 성공한 사람이 있기는 하다는 둥, 돈 앞에서 체면 차리면 가난한 아빠처럼 된다는 둥, 이제 부자 아빠처럼 새로운 '치즈'를 찾아 모험적으로 옮겨다니라는 둥의 이야기에 익숙하지 않은 사람은 아마 없을 것이다.

그리고 이제는 이 모든 것이 똑같은 얘기를 다르게 표현하고 있을 뿐이라는 점도 모두에게 분명해졌다. 행복은 경쟁 없이 이루어지지 않으며, 성공과 도태 사이에 점이지대는 없기 때문에 성공을 추구하는 것은 그 자체로 생존 투쟁이라는 것이다. 무엇보다 행복과 성공은 스스로의 선택과 결정에 책임지는 각자도생으로 이뤄내야 한다.

각자도생하라는 이 시대의 주문이 섬뜩한 것은 현실적이어서가 아니다. 불가능한 미션이기 때문이다. 어린아이건 성인이건 생애 과정에서 누군가의 돌봄을 받지 않는 개인은 없다. 시장을 이용하라고 하지만 상품 구매만으로 충분히 해결 가능하다고 말한다면 물정을 모르거나 악의적인 외면하기라고 의심할 수밖에 없다. 누군가에 의해 여전히 수행되어야 하고, 수행되고 있음에도 불구하고 저마다 스스로 알아서 살아가고 있으며, 또한 그래야 한다고 믿게 하기 때문에 각자도생의 판타지는 재앙인 것이다.

이 재앙을 보다 복잡한 방식으로 경험하고 있는 건 아무래도 여성이다. 지난 15년간 일을 하고 싶어 하는 여성도, 일을 해야 하는 여성도

늘어났다. 일터라는 경기장은 모름지기 공정한 게임을 위해 누구에게
나 동등한 경쟁의 룰을 적용해야 한다고 말한다. 남녀 플레이어들이 서
있는 그라운드가 평평하지 않다는 사실은 과장되어 있으며, 설사 그렇
다 하더라도 각자가 알아서 감수할 일이다. 이에 대해 문제를 제기하면
낙오되거나 반칙패로 퇴장당하기 일쑤다.

　가정에서 누군가를, 그리고 무언가를 더 돌보고 있는 사람은 여전
히 여성이지만, 여자라서가 아니라고 한다. 남자들이 경기장에 나가 있
는 경우가 더 많아 생긴 자연스러운 역할 분담일 뿐이란다. 똑같이 경
기장에 나가더라도 마찬가지다. 직장을 다니면서 집안일까지 해야 하
는 어려움에 대한 여성들의 토로는, 더 잘하고 효율이 좋은 사람이 하
기 마련이라는 신고전학파의 분간 없는 경제 교리에 묻히기 십상이다.
이에 대한 문제 제기는 일터에서보다 더 어렵다. 책임 소재가 불분명
해 보이기 때문이다. 야근에 시달리는 남편 탓만도 아니지 않는가. 그
저 이런 선택과 결정을 내린 자신의 탓을 하는 게 편하다. 그리고 그렇
게 자기 단념으로 그 책임을 감수하는 사람이야말로 이 시대가 요구하
는 바람직한 인간상이다.

　요컨대 행복과 성공의 성패가 여자라는 존재 조건과 관련되어 있
다는 사실이 더 일상적으로 드러나기 시작했지만, 그와 동시에 여자로
서 문제 제기를 하는 것은 반칙이라고 선언된 그 시점에 '여자라서 행
복해요'라는 광고 카피가 나타난 것이다. 여자라서 차별받고, 여자라서
불행하다고 호소할 수도 없는 시대에 여자라서 행복하다니! 여성은 어
떻게 행복해질 수 있는가에 골몰하던 여성들의 욕망을 정확히 포착한
것이다.

저주에서 풀려난 신데렐라의 새로운 저주

당대 여성들의 욕망을 포착할 뿐만 아니라 그 욕망을 실현하기 위한 논리와 방법을 제공하는 책이 여성 자기 계발서다. 2000년대 이후 여성 자기 계발서들이 제안한 지침은 기꺼이 속물이 되라는 것이었다. 베스트셀러《여자의 모든 인생은 20대에 결정된다》는 이 속물론의 바이블이다. 저자 남인숙에 따르면 남성이든 여성이든, 20대에든 30대에든 '누구나 속물이 된다.' 그러니 일찍부터 속물이 된다고 부끄러워할 일이 아니다. 특히 여자 20대는 인생의 모든 것, 즉 취업과 결혼에 관한 중대한 선택의 갈림길에 놓이므로, 오히려 이때부터 속물성에 철저해져야 한다는 것이다.

무릇 속물이란 무엇인가. 자신의 세속적 욕망을 드러내고 성취하는 것 이외의 명분이나 윤리를 저버리는 데 주저함이 없는 것이다. 여성들에게 이 욕망의 두 축은 돈과 사랑이다. 남인숙은 돈은 사랑을 대신할 수 없고, 사랑도 돈을 대신할 수 없다고 단언한다. 경제력은 필수이며, 사랑과 결혼 역시 운명이 아니라 성공 전략으로 접근하라고 조언한다. 막연한 꿈이나 순수한 사랑을 좇는 대책 없는 '낭만 소녀'로 살다가 30대에 가서 후회해봤자 소용없다는 것이다. 또 다른 베스트셀러, 안은영의《여자생활백서》가 80가지로 명제화하고 있는 지침의 핵심도 상통한다. "삼십 대에 재산세를 내는 즐거운 상상을 하라", 그리고 "절대 남자 보는 눈을 낮추지 말라".

1990년대 초중반 페미니스트는 물론, 여성 자기 계발서들조차 저주하고 파문했던 신데렐라가 전략가로 귀환한 것도 이 맥락에서다. 수동적으로 남성에게 의존하는 여성의 대명사라는 언니들의 주장과 달리, 신데렐라는 백마 탄 왕자를 거저 얻은 것이 아니라고 남인숙은 말한다. 능력남을 알아보는 선구안과 유리 구두를 떨어트리는 결정적 유인책을 통해 신데렐라 스스로 쟁취해냈다는 것이다. 맞벌이 아내를 원하는 '실속형' 남성들은 획기적으로 늘어났지만, 가사 노동의 공평한 분담은 거의 제자리걸음 수준인 현실에서 여성 역시 실속을 차려야 한다. 어차피 돈도 벌고 남편과 아이 뒷바라지도 도맡아야 한다면, 바보 온달이 아니라 백마 탄 왕자를 가려내 수지를 맞추시라.

　속물이 되라는 지침을 여성들이 실생활에 얼마나 곡진하게 적용하며, 그래서 성공적이었는가는 알 수 없다. 재테크 서적을 읽고 부자가 된 사람이 얼마나 있는지 환산할 수 없는 것과 마찬가지다. 재테크 전문가들이 준엄하게 말하듯, 실제 부자가 되느냐가 아니라 부자가 되고 싶다는 마인드를 갖는 것이 중요하다고 하지 않던가. 여성 자기 계발서의 속물론 역시 마찬가지다. 실제 능력남을 만날 확률을 놓고 벌이는 테크닉 연마론이 아니다. 핵심은 백마 탄 왕자에 대한 욕망을 숨기지 않는 속물 마인드의 장착인 것이다.

　안은영의 리스트를 더 살펴보자. "미모 지상주의를 욕하지 말라", "촌스러운 걸 순수하다고 착각하지 말라", "먼저 전화하지 말라", "사랑받고 싶다면 머리를 굴리라". 여자에게 외모는 상수이니 인공적 노력을 마다하지 않아야 하며, 남성으로부터 사랑을 '받는' 위치에 놓이도록 갖은 수단을 써야 한다는 것이다. 낯선 이야기가 아니다. 여성들에게 부여되어온 세속적 가치와 과제들이었다. 다만 그동안은 대놓고 해서는 안 된다는 위선적 규범이 있었을 뿐이다. 이제는 그런 이중 규범 때문에 써야 했던 가면을 벗고 거리낌 없이 당당하게 하라. 여자라서 행복해질지니.

　주목해야 할 것은 속물론이 유독 여성에게 부각되었다는 점이다. 엄밀히 말해 스노비즘 세태에 대한 탄식과 비난의 대상이 여성들을 향한 것이다. 2000년대 이후 부의 축적에 대한 부정적 이미지를 쇄신하면서 재력 및 출세에 대한 노골적인 욕망과 그 실천을 두둔한 것은 전 사회적 현상이었다. 남성들은 명품 시계로, 여성들은 명품 백으로 자신의 사회적 위세와 존재감을 자랑하는 데 서슴없어졌다. 그럼에도 여성의 라이프스타일에 대해서만 극단적인 반감이 표출되면서 스노비즘이 마치 여성들에 의해서만 주도되는 것으로 그려졌다. 결혼과 출산을 회피하며 자유로움과 편안함만을 만끽하려는 이기적인 속물, 일자리도 빼앗으면서 배우자도 경제력으로 저울질하는 파렴치한 속물이라는 것이다. 이른바 '된장녀', '김치녀'다. 타율적 운명의 여자라는 저주에서 풀려나, 주체적인 속물로 귀환한 신데렐라에게는 '된장녀'와 '김치녀'라는 새로운 저주가 기다리고 있었던 셈이다.

　한국 사회의 속물화에 대한 이러한 여성적 대유는 대중문화 담론의 주요 코드로 자리 잡은 성 역차별 통념의 확산과 상호작용했다. 1999년 군가산점제 폐지에 대한 공격이 시발이었다. 성차별은 사라졌으며, 남성이야말로 이제 역차별의 피해자가 되었다는 것이다. 여성과 여성성에 대한 혐오가 동원되었고, 성별 경험과 맥락을 형식주의적으로 형해화해서 여성의 속물성을 부각하는 데 사용했다. 여성들이 문제인 것은 개념 없이 사치품 소비에 열을 올려서만이 아니라, 염치없이 남성의 경제력을 이용하기 때문이라는 것이다. 이에 대한 무지막지한 증오와 저주를 지상파 개그 프로그램의 순화 버전으로 표현하자면 '네

생일엔 명품 가방, 내 생일엔 십자수냐', 정도 될 것이다.

현실적 실체성에 대한 의심은 차치하고, 속물성의 논리에 따른 셈법으로만 따져도 이러한 저주는 부당한 것이다. 눈부신 외모를 화려하게 치장하지 않은 공주라도 사랑에 빠질 왕자가 있기나 하단 말인가? 열두 시면 파티장을 빠져나와 초라한 부엌데기로 돌아가야 하듯, 화려한 결혼식 뒤에는 평생 왕권자의 그림자로 살아야 할 운명이 기다리고 있다면 유리구두 값은 누가 지불해야 타산이 맞는 것일까? 경제력을 지닌 남성과 남성의 경제력에 의존하는 여성이라는 성별 관계를 정상화하고, 그에 따른 습속과 의례를 만든 것이 여성이며, 이를 통해 여성이 더 이득을 보고 있다고 믿는 것이야말로 속물성이 갖는 유일한 순수함을 드러내는 일일 것이다. 속물성은 근본적으로 약자, 소수자, 주변인, 비주류를 생성하는 권력 관계의 역사성과 그것의 자명한 현재성을 부인하는 가운데만 유지된다. 바로 지금 이 순간, 한 치의 양보 없이 탐욕할 권리를 생존 논리로 정상화해야 하기 때문이다. 여성만을 속물로 매도할 수 있는 속물성의 진정한 속살인 것이다.

속물의 불안

속물성에 대한 충동 중 일부는 인정 욕망에서 비롯되는데, 경쟁의 장에 후발 주자로 입성했거나 사회적 배당이 적은 이들일수록 인정 욕망의 분출구는 제한되어 있다. 여기를 파고드는 것이 소비 자본주의의 메커니즘이다. 사회적 기득권에서 배제된 이들에게 인정 욕망의 환상적 실현을 소비를 통해 체험해보라고 부추기는 것이다. 한국 소비 자본주의의 호시절이었던 1990년대, 자본의 첨병인 광고가 청년 세대와 더불어 여성을 주 소비층으로 삼아 '신세대'니 '신세대 여성'이니 하는 신조어를 쏟아내며 정체성 담론의 생산에 주력했던 것이 이와 연관된다. 고학력 여성이 대규모로 증가해서 자아와 정체성을 독립적으로 실현하려는 욕구가 가시적으로 폭발했던 시기였다. 이것을 여성의 권리로 옹호한 것은 페미니즘이었지만, 사회, 직장, 가정이 이를 위한 변화에 더디게 반응하는 동안 재빠르게 이 열망을 상품화한 것은 시장이었다. 의류, 화장품, 향수에 새겨진 나만의 개성, 유행 감각, 고급진 취향이라는 기호 가치를 구매해서 자율성과 주체성을 경험해보라고 유혹한 것이다. 여성의 욕구와 욕망을 가장 예민하게 읽어내서 반응하는 것은 그때나 지금이나 여전히 시장이다. 속물성과 소비적 개인주의가 여성에게 더 도드라져 보이게 하는 이유다.

여성의 인정 욕망이 좌절되는 방식과 정도는 남성과 다르다. 자신의 삶을 자산 가치화하고, 주변 세계를 스스로 관리하고 통제할 수 있는 기업가형 인간을 이상화하는 사회에서 여성 역시 남성과 동등하게 성공을 꿈꿀 수 있는 존재인 것처럼 선전했다. 다른 말로 하자면 노동 유연화의 명분으로 여성을 유인했다. 문제는 여성을 유인하는 데에만 유연성이 발휘됐다는 점이다. 오랜 세월 동안 남성의 규칙으로 만들어져온 세계는 경직된 성별 규범을 고수하는 데 여전히 강고하다. 이 세계에서 여성들이 성공은커녕 생존 자체를 하기 위해서는 남성처럼 되기도 해야 하며, 그렇다고 여성임을 완전히 기각해서도 안 된다. 생리 휴가나 출산 휴가 사용을 꺼려가며 남성과 똑같이 일하되, 회식 자리에서는 적당하게 빠져주면서 아내와 엄마로서 최선을 다하는 여성으로 보여야 한다. 일터에서 성적 차이를 드러내는 것은 경쟁 질서 위반이라며 남성과 동등하게 일하라고 하면서도, 한편으로는 전통적인 성역할 기대에도 따라야 하는 것이다. 게다가 전통적인 여성성을 대체할 새로운 여성성은 파편화된 개인들 스스로 구성하여 각자도생하라는 압박이 더해지며 여성의 불안을 가중한다.

이것이 남성과의 차이다. 남성은 자기를 계발해서 경쟁력 있는 개인이 되기 위해 자신이 남성이라는 사실을 끊임없이 확인하고, 갱신해야 할 필요가 없다. 자기 계발에서 '자기(self)'의 표준은 남성이기 때문이다. 남성 자기 계발서와 비교할 수 없을 만큼 많은 양의 여성 자기 계발서가 출판 시장에 쇄도하는 까닭이며, 모든 여성 자기 계발서의 공통적 주제가 남성의 세계에서 여성성을 활용하고 쇄신하기 위한 방법에 관한 것인 이유이기도 하다.

물론 여성 자기 계발서의 구체적 제안들이 모두 같은 것도, 한 자기 계발서 안에서조차 일관되어 있는 것도 아니다. 나쁜 남자와 사랑하고 싶은 욕망을 포기하지 말라고도 하면서, 애 돌봐줄 시어머니가 있는 남자가 최고라고도 한다. 일터에서건 연인 관계에서건 여성적 어리광은 금물이라고 조언하기도 하지만, 여성적 직감과 섬세함, 극단적으로는 유혹의 기술을 무기로 활용하라고도 한다. 여자들만의 수다 네트워크 대신 남성들의 '전우애' 커뮤니티에 뛰어들라고 하면서도, 여성 후배와 동료를 품어 안는 멘토가 되도록 성장하라고도 한다. 이 이율배반적으로 보이는 각기 다른 조언들을 관통하는 것은 여성성을 '케바케[2]'로

---

2 'case by case'의 준말

잘 다뤄야 한다는 것이다. 통렬한 시사점은 여성에게 놓인 어떤 선택도 안전하지 않다는 것이다.

여성의 생애 기획은 재테크로 보자면 성과를 낙관할 수 없는 고위험 투자다. 끊임없는 자기 관리에도 불구하고 외모 인프라를 획기적으로 자산 가치화하는 데 성공하는 여성은 드물다. 임신과 양육 프로젝트는 리스크 예측과 관리가 어렵지만, 그렇다고 관망만 할 수도 없다. 일과 가족의 분산 투자는 독박은 물론 결과적으로 두 개 모두 쪽박을 찰 위험성 때문에 언제나 전전긍긍하게 된다. 일과 사랑을 두고 내 욕망에 충실하도록 야무지게 포트폴리오를 짜도 성공을 예측하기 어렵다는 것이다. 안정이 아니라 변화를 선택해야 하며, 그 불안이야말로 성공의 발판이라는 이 시대의 정언명령은 이러한 불안을 철저한 속물성의 무장으로 대처하라는 것 이외의 해법을 허용하지 않고 있다.

속물론을 주창한 여성 자기 계발서들이 큰 호응을 얻으며 베스트셀러가 된 데에는 성공과 욕망의 주체의 자리에 서고자 하는 여성들의 열망이 반영되어 있다. 그러나 행복의 실현을 소비의 쾌락과 등치하고, 마치 자위용 포르노처럼 즉자적인 충족에 익숙해지는 습속을 만드는 소비 자본주의사회에서 속물성은 주체의 자리 대신 자기소외를 낳을 뿐이다. 욕망을 증식하는 데에만 완고해서 다시 불안을 가중하는 순환을 만들어내기 때문이다. 화폐가치로 환산되지 않는 성적 차이와 그 의미를 수용하지 않는 시장질서, 그리고 여성과 여성성에 대한 공격을 삶의 불안에 대한 분노의 출구로 만들어 안전망으로 삼고 있는 각자도생의 에토스가 이 순환의 엔진이다.

화성 남자와 금성 여자가 지구에서 만났을 때

지난 15년간 극적인 한국 사회의 변화 과정에서 나타난 가장 스펙터클한 현상은 남성과 여성을 적대적인 관계로 두고, 그 원인이 여성과 페미니즘에 있다고 바라보는 담론의 팽창일 것이다. 남성과 여성이 일터와 생활 세계에서 더 많이, 더 밀도 있게 마주하게 된 것도, 남성과 여성의 삶이 조건이 예전과 달라진 것도 사실이다. 남성은 유일한 생계 부양자로서의 가부장적 권위를 인정받았던 기반을 상실했으며, 여성은 가족 밖으로 나올 수 있게 되었지만 여전히 개인에 미달하는 존재로 취급당한다.

'된장녀', '김치녀'와 허구적 전쟁을 벌이고 있는 남성들은 이러한 변화를 자신들에 대한 오롯한 위협으로 경험하고 있으며, 부당한 처우가 자신들의 지위를 잠식하는 여성들 때문에 비롯됐다고 믿고 싶어 한다. 여성 평균 임금이 남성의 70퍼센트라는 단순한 통계 지표 하나가 보여주는 더 불안정하고 더 불안한 여성들의 삶에 대한 두터운 이야기를 다시 강조할 필요는 없을 것이다. 다만 과거와 같은 삶을 살 수도, 그렇다고 새로운 형태의 삶을 상상하지도 못하는 가운데, 그 불안을 타자에 대한 분노로 이전하는 것은 증오 정치로 기득권을 유지하려는 권력의 요청에 응답하는 것뿐이다.

남성과 여성의 민주적 관계에 대한 새로운 상상을 가로막는 데에는 속류화된 심리학을 기반으로 성차를 해석해주는 자기 계발서들도 한몫을 하고 있다. 남녀 누구나 속물이 되라고 격려받기 시작한 시기에 《화성에서 온 남자 금성에서 온 여자》가 인기를 끌기 시작했다는 점은 의미심장하다. 출생지가 다른 남녀가 만나 서로 이해할 수 없는 외계어를 쓰고 있으니 싸울 수밖에 없다는 간단한 전제로, 의사소통 방법만 익히면 평화로워질 것이라고 말한다. 대화 기법에 관한 자기 계발서의 정전으로 읽히는 이 책과 그 무수한 변형 판본들은, 남성들은 야망의 화신이며(공적 성취) 여성들은 친밀성에 목매단다(사적 성취)는, 성차에 대한 오랜 정형화된 논리들을 재생산하고 있다.

이러한 논리들은 남성과 여성의 차이를 극단화하는 문제 틀을 생성한다는 것이 가장 큰 문제지만, 실용적인 대화 기법서로서도 거의 무용하다. 남녀 모두 이 지침으로 실생활에서 큰 재미를 봤다는 사람은 별로 보지 못했다. 오히려 자기 계발서와 연애 지침서들이 안내해주는 대로 했다가 낭패를 당했다는 경험이 많다. 당연한 일이다. 남성과 여성이 공적 영역과 사적 영역으로 극명하게 나뉘어 있던 그 시절이 아니며, 그랬던 역사적 잔재와 경험이 개인에게 투명한 방식으로 새겨지는 것도 아니다. 무엇보다 '여자어'와 '남자어'를 익힌다고 해서 남성과 여성에게 새겨진 그 역사적 경험이 왜, 어떻게 남녀 관계에 영향을 미치는지를 이해할 수 있는 것도, 대화 기법만으로 남녀 관계의 피로감의 원인을 해결할 수 있는 것도 아니기 때문이다.

남성과 여성의 소통을 깊게 하고, 관계를 풍요롭게 하는 데 관심을 가지며, 이를 위해 사회와 개인들이 해야 할 일이 무엇인지를 숙고하는 것이 다름 아닌 페미니즘이다. 일부의 통념과 달리, 남성 개개인의 삶은 모두 비난하고, 여성 개개인의 삶을 모두 옹호하는 것은 페미니즘과 가장 거리가 멀다. 페미니즘에서는 '남녀 관계'라는 대중적 용어 대신 '젠더 관계'를 고집하는데, 남자와 여자라는 구분과 관계가 만들어지는 역사적, 정치적, 사회적, 경제적 권력 메커니즘을 이해하려 한다는 점을 강조하기 위해서다. 남성과 여성이 서로 소외되지 않게 일하는 법, 동등하고 풍요롭게 욕망하는 법, 차이를 존중하며 공존하는 법을 사유하고 통찰하는 것이 페미니즘인 것이다.

화성에서 왔든, 금성에서 왔든, 우리는 지금 지구에서 함께 살아가고 있다. 그리고 우리의 삶의 불안은 화성 이민자와 금성 이민자라는 사실 때문이 아니라 지구라는 사회·경제적 생태계 안에 있는 구조적 결함 때문에 발생한 것이다. 결국 우리가 생존하고, 나아가 함께 행복해지려면 지구 생태계의 문제를 평등한 젠더 관계의 관점에서 바꿔내는 데 동참해야 한다. 남자만 산다는 화성으로, 여자만 산다는 금성으로 돌아갈 생각도, 그럴 수도 없다면 말이다.

12

'진짜 페미니즘'을 찾아서
─타령을 도태시키고 다시 논쟁을 시작할 때

손희정

대중문화를 연구하는 페미니스트. 대학원에서 영화학을 공부하고 서울국제여성영화제에서 활동하면서 문화와 세계를 읽는 눈을 배웠다. 온·오프라인 여기저기에서 만난 이상한 사람들과 함께 '조금 다른 세계'를 상상하는 일에 관심이 많다. 《여성 괴물, 억압과 위반 사이》《호러 영화》 등을 번역했고, 《페미니스트 모먼트》《다락방에서 타자를 만나다》《10대의 섹스, 유쾌한 섹슈얼리티》 등을 함께 썼다.

'진짜 페미니즘' 타령들

진짜를 내놓으라고들 난리다. 페미니즘 말이다. 이런 진짜 타령은 페미니즘에 대한 인식의 현주소를 보여준다. 역사도 오래된 이 '진짜 페미니즘 타령'에서 김규항은 1990년대 이후 한국 페미니즘의 주류는 부르주아 엘리트 여성이었다면서 그것을 '그 페미니즘'으로 명명했다.[1] 2000년대 초반의 일이다. 그러나 그는 한국 여성노동운동에 가장 적극적으로 동참해온 것이 페미니스트들이었다는 것과 노동운동의 중심에 있었던 그 '남성 중심 노조'가 사측과의 거래에서 어떻게 손쉽게 여성 동지들을 내버렸는가에 대해서는 언급하지 않았다.

10년을 훌쩍 넘어 2015년. 팝 칼럼니스트 김태훈은 한국 페미니스트를 두고 밥그릇 싸움에만 혈안이 된 "무뇌아적 페미니스트"라며 손

---

1 김규항, 「그 페미니즘」, 〈씨네21〉, 2002. 4. 23.

가락질했다.[2] 흥미로운 것은 그의 글이 페미니즘에 대한 역사적 사실에 대한 기술에서부터 지금/여기 한국의 여성들이 대면하고 있는 현실에 대한 진단에 이르기까지 뭐 하나 제대로 된 것이 없었다는 점이다.[3] 그런 의미에서 김태훈의 글이 보여준 것은 다른 어떤 것도 아닌 2015년 한국에서는 페미니즘에 대해 아무것도 모르는 사람도 아무 말이나 할 수 있다는 점이었다.

하지만 당혹스럽게도 '말할 수 있는 힘'을 가진 많은 남성들이 은근히 혹은 노골적으로 그의 주장에 동조하면서 페미니즘의 '밥그릇 싸움'을 폄하하고 비아냥거렸다. 하지만 세계의 운동 대부분은 일종의 밥그릇 싸움이 아닌가? 밥그릇이야말로 생존의 조건이다. 계급, 성별, 신체 조건 등에 따라 밥그릇이 불평등하게 나누어질 때, 그것이 평등하게 분배되어야 한다고 말하는 것은 이기적인 투정이 아니다. 그것은 특정한 권리들이 누구에게만 주어졌는지 정확하게 파악하고 그 편파적 권

---

2 김태훈, 「IS보다 무뇌아적 페미니즘이 더 위험해요」, 〈그라치아〉, 2016. 2.
3 일례로 김태훈은 "콘돔의 발명으로 여성의 성이 온전히 자율권을 갖게 된 1960년대에 페미니즘은 발생했다"라고 쓰고 있다. 이 문장이 뭐가 문제일까? 하나, 콘돔은 1960년대에 발명되지 않았다. 콘돔과 같이 남성 성기에 착용하는 형태의 피임 및 성병 예방 도구에 대한 기록은 고대 로마로까지 거슬러 올라간다. 지금과 같은 형태의 고무 콘돔은 산업혁명기에 등장했고, 1890년대에 이르면 대량으로 생산되기 시작한다. 아마도 그는 여성용 피임약의 개발과 콘돔의 발명을 혼동한 모양이다. 둘, 페미니즘을 어떻게 규정하는가에 따라서 그 역사적 기원을 추적하는 것은 복잡한 일이다. 그러나 지금 우리가 일반적으로 말하는 페미니즘의 제1물결은 19세기에서 20세기 초에 걸쳐 영미권 및 유럽에서 일어났다. 초기 서구 페미니즘 운동은 각종 계약, 결혼, 육아, 재산 등과 관련해 남성과 동등한 여성의 권리 촉진에 주력했고, 19세기 후반에 이르면 동등한 정치 참여의 의제로 넘어간다. 이것이 참정권 운동이다. 김태훈이 말하는 "68혁명의 시작"은 페미니즘 제2의 물결과 맞닿아 있다. 셋, 콘돔의 발명은 과연 여성의 성에 대한 자율권 획득으로 이어졌을까? 콘돔은 남성 피임 도구다. 남성 피임 도구의 발명과 여성의 성적 자율성은 바로 등치될 수 없다. 여성용 피임약이 개발된 이후에도 여성들은 이를 '자율적'으로 사용하기 위해 더 긴 시간을 싸워야 했고 여전히 싸우고 있다. 현재에도 여성은 온전히 자신의 성에 대해서 자율적이지 못하다.

리의 성격을 바꾸려고 한다는 점에서 지배적인 세계관을 뒤집는 가장 급진적인 운동이 될 수도 있다.

2015년에는 고종석이 "많은 페미니스트들이 (여성 내의 차이에 눈을 감음으로써) 페미니즘의 운동을 고립시켰다"라면서 백인 중산층 페미니즘은 계급, 인종, 식민, 장애 등 차별과 배제, 폭력과 억압을 만들어내는 차이들을 '제대로' 볼 수 없다고 말했다.[4] 배우 엠마 왓슨이 유엔 여성 인권 신장 캠페인 '히포시'(HeForShe)의 홍보대사로서 한 연설[5]에 대한 것이었다. 하필 '어린 여배우'에게 부치는 편지 형식을 띤 이 글은 한국 아저씨의 전형적인 '맨스플레인'으로 인구에 회자되었다. 그런데 유엔 여성기구에 따르면 "전 세계 여성 3분의 1이 육체적·성적 폭력을 겪었으며, 이는 대부분 친밀한 파트너에게 당한 것이었다. 2012년에는 살해된 여성 두 명 중 한 명이 배우자나 가족에 의해 숨졌다."[6] 미국의 경우 가정폭력 희생자의 85퍼센트는 여성인 것으로 알려져 있다.[7] 여성 문제에는 차이를 가로지르는 보편성 역시 존재한다. 이것을 제대로 된 페미니즘이 아니라고 말할 수 있을까.

또 한편으로 '남성 교육'은 절실하다. 페미니즘의 성 해방은 여성들끼리뿐만 아니라 '다양한 성'의 연합과 연대를 통해서 가능해지는 것일 텐데, '일반적인 남성'들은 함께 성 해방을 준비하기에 일단 너무 무

---

4 고종석, 「[고종석의 편지]에마 왓슨 유엔 여성 친선대사께」, 〈경향신문〉, 2015. 9. 20.

5 엠마 왓슨, 「Gender equality is your issue too」, UN 'HeForShe' 캠페인 행사, 2015. 9. 20.

6 UN Women, "Infographic: Violence against women", 2015. 11. 6.(http://www.unwomen.org/en/digital-library/multimedia/2015/11/infographic-violence-against-women)

7 미국 Bureau of Justice Statistics Crime Data Brief, "Intimate Partner Violence 1993-2001", 2003. 2.

관심하고, 따라서 무식하다. 세계에 대한 인식의 차이는 갈등과 대립, 서로에 대한 혐오만을 낳을 뿐이다. 남성을 다 '숙청'한 성 해방의 공간을 꿈꾸는 것이 아니라면, 남자들과 함께 가는 것은 이 지난한 싸움을 효율적으로 해나가기 위해 필수적인 일일 터다. 그런 의미에서 유엔의 히포시 캠페인은 페미니즘이 남성에게 동지가 되자고 손을 내미는 중요한 한걸음이다. 엠마 왓슨의 화법은, 그 내용도 훌륭하지만, 무지한 남성 동지들에게 말을 걸기에 매우 적절했다. 10여 분의 짧은 연설에서 흑인 페미니즘, 탈식민 페미니즘, 퀴어 페미니즘 등 그 결을 지속적으로 두껍게 해온 페미니즘의 유구한 역사를 구구절절 늘어놓아야 했을까.

물론 이 '진짜 페미니즘 타령'에는 "페미니즘에 빠지면 여권 신장이 가장 중요해지고 그 이외의 다른 특징들은 모두 무시된다"라며 "보편 철학"을 해야 한다는 무식한 소리가 짝패처럼 붙어 다닌다. 2011년 베스트셀러 작가 강신주가 한 강연에서 한 말이다.[8] 이런 논리 안에서 진짜 페미니즘이란 편협한 부분 운동에 불과해진다. 이런 말을 하는 사람들은 페미니즘이 이성애자, 비장애인, (유사-백인)남성이 만들어온 그 '편파적인 보편'을 재구성하여 확장하는 철학이라는 것에는 관심이 없다. 이후 그는 여성이 주체가 되는 가사 노동에 대해 면밀히 고민하지

---

8 〈강신주의 철학 고전 읽기〉 5회차 강연, 2011. 11. 14. 또 강신주는 2016년 9월 인터파크도서 BOOK DB와 진행한 인터뷰에서도 페미니즘을 두고 "여성, 남성을 일반화하는 페미니즘이 파시즘적 담론에서 자유로"울 수 없기에 "수준이 떨어져서" 철학사를 망라한 자신의 저작《철학 VS 철학》에 언급하지 않았다고 밝힌 바 있다. (북&인터뷰, 「강신주 "날 비판하는 사람들? 50년 후엔 나만 남는다"」, BOOK DB, 2016. 9. 7.(http://news.bookdb.co.kr/bdb/Interview.do?_method=InterviewDetail&sc.mreviewTp=1207&sc.mreviewNo=72721&Nnews#))

못한 티가 역력하게도 "냉장고를 버려"라거나[9], 「설악산, 여신으로 남을 것인가 매춘부로 만들 것인가」[10]와 같은 칼럼을 썼다. 그가 말하는 '보편 철학'이라는 것이 실은 성차별에 무감각한 '남성 철학'에 불과했다는 사실을 부끄러움 없이 드러낸 셈이다.

이런 에피소드들은 한국 사회에 만연해 있는 페미니즘에 대한 불신과 그 불신을 밟고서 자꾸만 수면 위로 올라오는 진짜 타령을 상징적으로 보여준다. 이 이면에는 페미니즘에 대한 멸시와 혐오, 그리고 무지가 숨어 있다. 그리고 이런 공격은 지금까지 한국 페미니즘의 역사와 그 이론적·실천적 운동의 성과를 간단하게 지워버리고 마치 없었던 일인 것처럼 만든다. 물론 페미니즘에 대한 비판엔 귀를 기울여야 한다. 사실 김규항과 김태훈을 하나로 꿰어버릴 수는 없다. 다만 김규항과 같은 비판자들이 '외부자의 입장'을 취하면서 '맨스플레인'을 시전할 때, '그 페미니즘'은 페미니즘 내부의 다양한 흐름과 논의를 가려버린 채 하나의 단일한 문제적 흐름, 즉 배척해야 할 반동적이고 이기적이며 부분적인 운동이 되어버린다. 이런 비판들은 한국 페미니즘이 어떤 고민을 해왔는지를 외면하고 다양한 결의 페미니즘 논의들을 '백인 부르주아 페미니즘'으로 단순화한다.

하지만 이는 무시와 무지의 발로라 할 진짜 타령들만의 문제는 아

---

9 강신주, 「[철학자 강신주의 비상경보기]인간다운 삶을 가로막는 괴물, 냉장고」, 〈경향신문〉, 2013. 7. 21. 이 칼럼은 생활을 가능하게 하는 젠더화된 노동인 가사 노동에 대한 그의 무지를 여실하게 드러내는 것이었다.

10 강신주, 「[철학자 강신주의 비상경보기]설악산, 여신으로 남을 것인가 매춘부로 만들 것인가」, 〈경향신문〉, 2013. 9. 1.

니다. 점점 심해지는 여성혐오 문화와 노동시장에서의 여성 차별을 바탕으로 등장하기 시작한 최근의 '새로운 페미니즘 운동' 안에서도 지금까지 페미니즘이 벼려온 다양한 문제의식들이 지워지고 있는 것처럼 보였기 때문이다. 무슨 이야기일까?

패트리샤 아퀘트에 대한 열광과 적녹보라 패러다임 비판

사회적 안전망이 무너지고 모든 것이 파편화된 시대. 각자도생과 생존의 수사만이 힘을 발휘하는 요즘. 전통적인 가부장제의 위기와 경제적 위기, 그리고 사회적 재난의 상황들 속에서 남성들의 불안이 커지면서 여성혐오와 여성에 대한 폭력이 점증하고 있다. 여성들 역시 사회적, 경제적, 물리적으로 생존이 위협당하는 암담한 현실 앞에서 다시 본격적인 '생존 투쟁'을 시작했다. 2015년 '#나는페미니스트입니다'에서 시작되어 메갈리안의 미러링, 강남역 10번 출구를 지나 '#○○_내_성폭력'에 이르기까지. 여성들의 역동적인 움직임은 이런 현실의 반영이며, 자연스럽게 성폭력과 더불어 동일 노동 동일 임금의 문제가 가장 중요한 이슈로 부상했다.

이런 분위기 속에서 2015년 〈보이후드〉로 아카데미 여우 조연상을 수상한 패트리샤 아퀘트의 수상 소감은 한국 SNS에서도 큰 화제가 되었다. 그는 "아이를 낳은 모든 여성들, 세금을 내는 모든 여성들과 시민인 여성 여러분. 우리는 지금까지 다른 사람들의 동등한 권리를 위해 싸워왔습니다. 이제는 미국에서 임금 평등과 여성들의 동등한 권리를 위해 싸워야 할 때"라며 임금에서의 양성평등을 주장함으로써 동료들의 박수갈채를 받았다. 그러나 그에 대한 비판의 목소리 역시 적지 않았다. 임금 격차는 성별뿐만 아니라 인종과 성적 지향, 신체적 조건 등에 따라서도 결정된다는 사실이 잘 드러나지 않았기 때문이다. 백인 여성은 백인 남성에 비해서 78퍼센트의 임금을 받지만 흑인 여성은 64퍼센트의 임금을 받으며, 라틴계 여성은 54퍼센트를 받는다.[11] 성소수자와 장애인의 노동시장은 언제나 가시밭길이다. 아이를 기르는 동성 커플은 이성 커플에 비해 20퍼센트나 적게 번다. 여기에 나이라는 변수까지 함께 생각해보자. 노동시장에서의 차별을 비롯한 무수한 사회적 차별은 이처럼 다양한 조건들의 중첩과 교차 속에서 이뤄진다. 이것이 차별의 교차성이다. 페미니즘의 역사란 이 교차성을 예민하게 인식해온 과정이었다. 그런 의미에서 아퀘트의 수상 소감은 일종의 퇴행이었던 셈이다.

그는 "우리는 지금까지 다른 이들의 평등을 위해 싸워왔다"라고 언급함으로써 소수 인종 여성과 레즈비언을 비롯한 다양한 여성–소수자들이 페미니즘에 동참해온 운동의 역사를 간단하게 지워버렸다. 대신 여기에 "아이를 낳은 모든 여성들, 세금을 내는 모든 여성들과 시민인 여성들"을 언급함으로써 평등한 임금을 쟁취해야 할 '우리'가 누구인지 배타적으로 규정한다. 그의 의도는 그렇지 않았겠지만, 대중에게 전달된 메시지는 분명했다. "평등이란 사회의 지배 체제가 인정하

---

11 Amanda Marcotte, "Patricia Arquette's Feminism: Only for White Women", *Slate*, 2015. 2. 23.(http://www.slate.com/blogs/xx_factor/2015/02/23/patricia_arquette_on_pay_equality_insulting_to_feminism.html)

는 자격을 갖춘 자에게만 허용되는 것이다."[12] 이는 사회의 진보를 지향하기보다는 보수적으로 기득권을 유지하려는 자들의 수사를 떠오르게 한다. 우리 시대의 기득권은 (표면적으로는) '평등'이라는 가치를 가볍게 여기지 않는다. 다만 '평등의 자격 조건'을 나열한 목록을 끊임없이 늘려갈 뿐이다. 사지가 멀쩡한 자, 군대에 다녀온 자, 아이를 낳은 자, 국적이 명확한 자, 정상 가족을 꾸린 자, '노오력' 하는 자, 자본주의적 경제 발전에 동참하는 자, 무엇보다 지배적인 질서에 순응하는 자 등등등…… 그런 자들만이 오로지 '평등'이라는 과실을 손에 넣을 수 있다.

아퀘트의 수상 소감이 뜨거운 관심을 끌던 시기. SNS의 다른 한편에서는 페미니즘의 한 흐름으로서 '적녹보라 패러다임'을 둘러싼 논란이 진행되고 있었다. 〈경향신문〉의 한 기사[13]가 '적녹보라 패러다임'을 언급했던 것이 논란의 시작이었다. 이때 적녹보라 패러다임(이하 '적녹보라')이란 노동(적)-환경·생태(녹)-젠더(보라)의 문제를 교차적으로 엮어 세계를 파악하려는 인식의 패러다임을 말한다. 여기에서 노동이라는 문제의식은 자본주의 비판에, 환경·생태는 인간중심주의 비판에, 그리고 젠더는 가부장제 비판에 집중하지만, 사실상 자본주의-인간 중심주의-가부장제는 서로 분리되어 있지 않다(이것을 지배의 교차성이라고 할 수 있지 않을까?). 적녹보라는 이를 인식하면서 기존의 노동운동, 생태운동, 여성운동의 한계를 극복하고 운동의 성격과 구도 자체를 바꾸려

---

12 Amanda Marcotte, 위의 글
13 「소년들의 여성혐오… 소년들은 왜 '페미니즘이 싫다'고 할까」, 〈경향신문〉, 2015. 2. 22.

는 인식론이다. 적녹보라는 자본주의 따로, 인간중심주의 따로, 가부장
제 따로 싸우는 것으로는 이 지배 체제들이 생산하는 모순들이 극대화
된 신자유주의 시대를 극복할 수 없다는 현실 인식을 바탕으로 등장했
다. 그런데 SNS를 중심으로 활동하던 일부 페미니스트들은 적녹보라가
여성들의 '진짜 문제'로부터 눈을 돌리게 하고 "남자 비위를 맞추는" 온
건한 페미니즘이라고 비판했다. 그리고 페미니즘에 노동과 생태를 끼
얹지 말라고 주장했다.[14]

　　아퀘트의 수상 소감에 대한 열광과 적녹보라에 대한 비판에는 한
가지 공통점이 있다. 여성에 대한 억압과 차별이 단순히 성별의 문제로
부터 비롯된다고 생각하고, 일자리와 임금 문제에 집중한다는 것이다.

---

14 〈경향신문〉의 기사가 노동이라는 이름으로 젠더 모순에 물타기를 하고 '오빠들에게 허락받은 페
미니즘'을 내세웠다고 해석된 배경에는 〈경향신문〉 기자 채용 면접 시 여성 차별이 있었다는 문
제 제기가 놓여있었다. '여성'의 문제를 넘어 다양한 성을 논의하고 노동과 생태까지 함께 사유하
는 적녹보라의 입장이 면접에서의 여성 차별을 부분적인 문제로 치환하고 있다고 오해받은 것이
다. 그러나 적녹보라가 노동을 문제 삼는 것은 젠더 모순과 계급 모순이 분리되어 있지 않다는 예
민한 인식을 바탕으로 한다. 젠더보다 계급을 우선시하는 것이 아니라, 계급 모순에 근본적으로
젠더 모순이 기입되어 있으며 노동 자체가 젠더적으로 구성된다고 이해하는 것이다. 따라서 채용
면접 시 여성 차별이 있었다면 그것은 당연히 적녹보라 패러다임이 함께 싸워야 할 문제다. 젠더
관점이 결여된 남성 중심적인 계급 인식이야말로 적녹보라가 비판하는 것이다. 이 글은 이런 오
해에 말 걸기 위해 쓰여진 것이기도 하다.
　한편, 이 문제 제기에 대해서 〈경향신문〉은 문제 제기 당사자에게 제3의 기관을 통한 조사와 문제
해결을 제안했고, 2016년 2월 국가인권위원회에서 "증거 불충분 기각"으로 그 조사 결과를 발표
했다고 한다(피해 당사자였던 '오서'가 2016년 3월 4일 관련 다음 카페에 올린 게시물 "경향신문
성차별 사건의 국가인권위 조사 결과"에서 그 내용을 확인했다). 제3기관의 조사 결과는 '증거 불
충분'으로 나왔으나, 우리가 면접에서 성차별이 있었는지 없었는지를 명확하게 확인·판단하기는
힘들다고 생각한다. 성차별이 그렇게 가시적으로 명확하게 드러나는 것이었다면, 성차별과의 싸
움 역시 훨씬 간단했을지 모른다. 그런 이유로 우리는 〈경향신문〉의 여성 차별에 대해 정확하게
판단할 수 없지만, 한국 언론계의 문화가 얼마나 남성 중심적이며 또 남성적인지에 대해서는 말
할 수 있다. 그런 의미에서 〈경향신문〉은 좀 더 예민하게 언론계의 여성 차별적인 문화를 개선해
갈 필요가 있을 것이다.

그리고 나는 임금의 문제가 어떻게 노동의 문제와 분리될 수 있는지, 조금 혼란스러웠다.

적녹보라 패러다임으로 보는 세계

일자리와 임금의 문제는 물론 중요하다. 이는 여성들의 '진짜 문제' 중 하나다. 그런데 적녹보라에서 보자면 임금의 문제는 노동의 문제, 즉 자본주의의 문제와 분리해서는 설명되지 않는다. 말하자면 페미니즘에 노동운동을 끼얹지 않으면 임금 문제는 해결되지 않는다는 것이다. 남녀 간 임금격차는 가부장제의 소산일 뿐만 아니라 자본주의의 속성 그 자체로부터 비롯된 것이기 때문이다.

자본주의는 성차별을 그 근간으로 한다. 자본주의 초창기, 자본과 국가는 남성과 여성의 성역할을 가르고 남성은 생산 영역에, 여성은 재생산 영역에 들여놓았다. 그리고 남성의 노동에만 가치를 부여하고 여성의 노동은 가치가 없는 것으로 평가절하하면서 임금 지불이 필요 없는 '사생활'로 만들었다. 가사 노동, 돌봄 노동, 감정 노동, 성노동이 '여성의 본능'으로 치부되어 '당연히 여성이 하는 일'이 된 것은 이런 과정 속에서였다. 여성의 노동 없이는 사회가 유지될 수 없음에도 불구하고, 그것은 시장에서 팔리는 상품을 생산하는 일이 아니었으므로 무시당했고, 본능이 하는 일이므로 대단치 않은 것이 되었다.

사회학자 마리아 미즈는 이것을 '여성의 가정주부화'라고 부른다.[15]

---

15 마리아 미즈, 《가부장제와 자본주의》, 최재인 옮김, 갈무리, 2014.

그리고 그렇게 생산성이 떨어지는 가정주부(혹은 예비 가정주부)로 생각됐던 탓에 여성은 생산에 참여하더라도 언제나 남성보다 저렴하고 유동적인 노동력으로 취급받았다. 여기에서 아주 당연하다는 듯 여성과 남성 사이의 임금격차가 탄생하고, 여성의 일과 남성의 일 사이에 위계가 생겨났다. 그렇게 여성은 가장 만만한 노동력이자 국가가 복지로 해결해야 했던 사회적 책임을 대신 해결해주는 일종의 안전장치가 된 것이다. 그리고 가사, 돌봄, 성, 감정 노동이 시장으로 들어가 상품이 된 지금에도 그것은 여전히 여성적인 일로 받아들여지고, 이 '여성적'인 직무는 대부분 비정규직이며, 따라서 그에 대한 임금은 저렴하게 책정되고, 노동 조건은 한없이 열악하다.

우리가 합리적이라고 생각하는 자본이 이처럼 불합리한 가부장제의 성차별을 받아 안은 것은 소수 노동력에 대한 배제와 착취가 자본이 몸집을 불리는 데 필수적이었기 때문이다. 가부장제가 자본주의를 망친 것이 아니라, 자본주의가 사회의 운영 원리로서 가부장제를 필요로 했다. 미즈가 말하는 것처럼, 여성에 대한 폭력과 배제, 억압은 "단순히 봉건적 '잔재'가 아니"다. "이런 폭력은 근대적이고 진보적인 자본주의의 피와 살이다. 자본주의의 심장이다." 노동이라는 문제 틀을 통해 임금노동의 성격 자체에 질문을 제기하지 않는 한 동일 노동 동일 임금에 대한 요구는 달성되기 힘들 뿐만 아니라, 남녀 간의 격차가 다소간 해소된다고 하더라도 그 차이에서 생기는 자본의 '손해'는 다른 소수에 대한 착취로 이어질 것이다. 현재, 진 세계적으로 그 착취는 소수 민족 노동자 혹은 외국인 노동자에게로 이동하고 있으며, 그 피라미드의 말단에는 물론 여성이 존재한다.

한편으로, 여성들이 임금노동에 적극적으로 들어가는 것이 페미니즘의 유일한 목적일 수 없는 것은 지금과 같은 자본주의 사회에서 노동자가 된다는 것은 굴종의 삶을 산다는 것과 다르지 않기 때문이다. 정치철학자 실비아 페데리치의 질문처럼 "여성들이 취업을 해도 최소 임금을 받을 뿐이고 노조는 패배의 조건을 두고 협상을 벌일 능력밖에는 없어 보이는 상황"에서 우리가 '남성과 같은 노동자'가 된다는 것이 과연 여성 해방과 남녀평등을 가져올 것인가?[16] 우리는 경제 위기가 도래했을 때 얼마나 쉽게 사회가 반동적으로 회귀할 수 있는지, 이미 IMF 때 경험했다. 여성의 노동 조건이 개선되기 시작하던 1990년대, 경제난이 닥쳐오자 여성들은 또 다시 가장 먼저 해고되고 비정규직화되면서 일종의 '구조 조정 총알받이'가 되었다. 그리고 여성의 비정규직화를 막지 못했기 때문에 현재 우리는 남녀 공히 쓰레기 같은 노동력이 된 시대를 산다.

하지만 자본이 필요로 했던 것은 가부장제를 기반으로 한 여성에 대한 수탈만은 아니었다. 제1세계를 중심으로 등장했던 자본주의가 필요로 했던 것은 자연과 제3세계에 대한 식민화와 수탈이었다. 이런 수탈을 가능하게 했던 세계관이란 '백인-남성-문명' 대 '유색인-여성-자연'이라는 이분법적 사고방식이었다. 우리는 여성과 유색인, 제3세계의 문화들이 끊임없이 '자연'으로 등치되는 역사를 살아왔다. 이는 여전히 우리 세계에 뿌리 깊은 고정관념이며, 지역에 따라 조금씩 그 판본만 달리할 뿐이다. 한국에서는 한민족-남성-문명이 동남아인-여성-자연

---

16 실비아 페데리치, 《혁명의 영점》, 황성원 옮김, 갈무리, 2013.

을 착취한다. 이 인간중심주의에서 인간이란 언제나 (유사)백인 남성일 뿐이다.

자본주의적 생산은 대체로 자연으로부터 나오는 자원에 의지하고 있음에도 불구하고 자연의 가치는 언제나 폄하되고, 인간의 개발을 기다리는 '처녀지'로 존재한다. 더불어 인간 외의 다른 종은 인간의 생존을 위해 자원을 제공하는 수단이 될 뿐이다. 그런데 자연과 다른 종을 착취할 때에도 성의 문제가 마찬가지로 등장한다. '강아지 공장(Puppy Mill)'의 사례를 떠올려보자. 여기에서 모견은 하나의 생명이 아니라 상품으로서 강아지를 생산하는 출산 기계로 전락하여 그 노동에 평생을 바치게 된다. 강아지 공장은 모든 것을 상품화하는 자본주의, 다른 생명을 '돌'과 같이 여기는 인간중심주의, 그리고 재생산성에 대한 착취라는 성적 문제가 복잡하게 얽혀있는 상징적 공간이다.

자연과의 관계를 회복해서 대안적인 자급의 지반을 마련하고, 돌봄과 배려처럼 기존에는 여성성이라고 규정되었던 가치를 인간의 보편적인 가치로 재발견하여 경쟁이 아닌 협력을 추구하며, 자연을 정복의 대상이나 도구로 대하지 않으면서 인간과 다양한 생명의 공존을 모색하는 것. 자본주의-인간중심주의-가부장제와 대결하기 위해서 나는 우리 삶의 성질 자체를 바꾸는 조금 다른 꿈을 꾸고 있다.

진짜, '진짜 논쟁'을 시작해야 할 때

지금까지 이야기한 것처럼 노동-환경·생태-성의 문제를 총체적으로 파악하고 구체적으로 싸워가지 않으면 근본적인 문제의 해결은 없다.

그렇다고 적녹보라가 모든 운동의 종합을 주장하는 것은 아니다. 세계를 분석하는 틀을 바꿔서 각 운동의 방향을 새롭게 조직하고, 연대를 모색하자는 것이다. 여성학자 고정갑희는 이렇게 말한다. "각자 할 수 있는 운동은 각자가, 함께 해야 하는 운동은 함께."[17] 그런 의미에서 적녹보라는 일종의 사유 체계이자 철학이라고 할 수 있다. 한국에서 적녹보라의 철학은 이제 그 뿌리를 내리기 시작한 단계다. 적녹보라를 교육의 가치로 내세우는 지식순환협동조합이나 운동의 철학이자 방법론으로 삼고 있는 지구지역행동네트워크 등도 아직 초기 시작 단계라고 볼수 있다.

사실 페미니즘은 세계를 바꾸려는 인식론이자 실천적인 운동이기 때문에 '진짜 논쟁'이 계속되는 것은 당연하다. 세계를 바꾸기 위해서는 이 세계를 조건 짓는 지배적인 구조가 무엇인지를 밝혀야 하고, 그 구조가 만들어 내는 억압과 폭력이 무엇인지, 그리고 그 억압과 폭력 안에서 우리의 삶을 위기에 몰아넣는 모순이 무엇인지 밝혀내야 한다. 그래야 우리는 "무엇과 싸울 것인가"를 결정하고 그리하여 "어떤 세계를 지향해갈 것인가"를 설정할 수 있다.

그런 이유로 페미니즘은 단수가 아니라 '복수의 페미니즘들'이라는 설명에 대해서도 다시 생각해봐야 할 것 같다. 이는 페미니즘이 대상으로 하는 다양한 정체성과 삶을 드러낸다는 점에서 그 자체로 현실에 대한 묘사이자 정치적인 선언이며, 다양한 논의들의 출발점이다. 그러나 이것이 설명의 끝이어서는 안 된다. '진짜 타령'에 더 이상 발목 잡

---

17 여성문화이론연구소 주최 포럼 '퇴행의 시대: 페미니즘을 급진화 하기' 포럼, 2015. 12. 5.

혀서는 안 되는 이유도 여기에 있다. 우리는 진짜 타령에 "페미니즘 안에 목소리가 얼마나 다양한데"로 응수해왔다. 맞는 말이지만, 그것으로는 힘을 가질 수 없다. "내 말도 맞고 네 말도 맞다"라는 식의 다양성 담론은 페미니즘을 안전하게 만들 뿐이다. 다양성 담론이 논의의 끝이라면, 예컨대 "박근혜 대통령을 지지하는 페미니즘도 페미니즘이다"와 같은 말에 어떻게 대응할 수 있을 것인가? 우리는 훨씬 더 치열하게 '공동의 목표'를 찾기 위해 토론하고 논의하고 싸워야 한다.

그럼에도, 페미니즘

1판 1쇄 발행 2017년 1월 20일
1판 3쇄 발행 2019년 6월 3일

기획 · 경향신문 향이네
지은이 · 김보화 김은희 김홍미리 나영 박은하 박이은실
          손희정 엄혜진 윤보라 은하선 조서연 홍태희
펴낸이 · 주연선

총괄이사 · 이진희
편집 · 심하은 백다흠 하선정 최민유 김서해 이우정 박연빈 허유민
디자인 · 권예진 이다은 김지수
마케팅 · 장병수 최수현 김다은 이한솔 강원모
관리 · 김두만 유효정 박초희

(주)은행나무
04035 서울특별시 마포구 양화로11길 54
전화 · 02)3143-0651~3 | 팩스 · 02)3143-0654
신고번호 · 제1997-000168호(1997. 12. 12)
www.ehbook.co.kr
ehbook@ehbook.co.kr

잘못된 책은 바꿔드립니다.

ISBN 978-89-5660-590-6 03330